el buda en tu espejo

El Buda en Tu Espejo

BUDISMO PRÁCTICO
Y LA BÚSQUEDA DEL YO

Woody Hochswender

Greg Martin

Ted Morino

MIDDLEWAY
PRESS

Publicado por Middleway Press
Una división de la SGI-USA
606 Wilshire Blvd., Santa Monica, CA 90401

© 2008, 2002 SGI-USA

ISBN 978-0-9674697-7-5

Diseño de carátula por Lightbourne
Diseño interior por Gopa & Ted2, Inc.

25 24 23 22   9 10 11 12 13

Library of Congress Cataloging-in-Publication Data

Hochswender, Woody.
   [Buddha in your mirror. Spanish]
   El Buda en tu espejo : budismo práctico en la búsqueda
del yo / Woody Hochswender, Greg Martin, Ted Morino.
      p. cm.
   ISBN 0-9674697-7-5 (softcover : alk. paper)
   1. Religious life—Soka Gakkai. 2. Nichiren, 1222 – 1282.
   I. MARTIN, GREG, 1950 – II. MORINO, TED, 1947 – III. TITLE.
   BQ8436 .H6316 2002
                                                    2002011496

Índice

"Nada de notas facilonas"

Prólogo de Herbie Hancock

¿POR QUÉ, escogió usted este libro, cualquiera que sea su procedencia? Aunque sea por un instante: ¿Estaría de acuerdo en que prodríamos ser un poco más felices, independientemente de lo que estemos haciendo? ¿Y en qué, por más que podamos sentirnos muy bien hoy, a veces, sin advertencia, o explicación alguna, terminamos sintiéndonos muy mal?

Hasta a quiénes la vida parece habernos bendecido, tenemos nuestros períodos en que lo bueno que nos rodea no nos brinda la alegría de vivir. ¡Tiene que haber algo más! Algo más profundo...

Incluso, cuando, aparentemente, las cosas parecen marchar bien, a menudo no nos damos cuenta de que estamos experimentando problemas. Cuando pienso en muchos de mis contemporáneos y amigos de profesión que estuvieron aquí y se fueron, en las leyendas que dejaron demasiado pronto esta existencia y cuyas voces musicales quedaron apagadas por haber perdido la batalla contra la enfermedad o las drogas; la necesidad de contar con un método para tener una felicidad duradera, se hace obvia.

Las realidades de la vida del jazz no son simples (y estoy seguro de que ocurre lo mismo con muchas otras ocupaciones). Se requiere de mucha fortaleza, tanto física como espiritual, para estar constantemente de gira, a veces viajando a un nuevo país cada día y durante meses: para mantenerse en contacto con nuestra creatividad y mantener relaciones humanas sanas. En medio de la dura realidad de la vida, tanto en mi ámbito profesional como personal, lo que me ha sostenido durante cerca de veintinueve años ha sido la profunda, pero accesible, filosofía de vida del Budismo de Nichiren Daishonin.

Pero respaldaré esto un poco más.

No nací en el seno de una familia adinerada. De hecho, éramos más bien pobres, pero fui muy afortunado en cuanto a tener siempre un plato de comida en la mesa y más importante aún, fue contar con el favor de mis padres que me alentaron a vivir mis sueños. Apoyaron esos sueños con el máximo de su capacidad y si bien no podían costear mis estudios, de algún modo se las arreglaron para enviarme a la escuela superior.

Aunado al apoyo de mis padres, mi vida ha sido guiada ampliamente por diversos mentores que por fortuna encontré a lo largo de esta jornada. Tres de ellos fueron muy especiales. La primera fue la segunda maestra de piano que tuve, la Sra. Jordan.

Mucho antes de que el jazz fuese parte de mi mundo consciente yo era un niño de 9 años con dos años de estudios de piano en mi haber. Esto fue en Chicago, en 1949. Ya no recuerdo como conocí a la Sra. Jordan, pero hasta hoy día no he podido olvidar lo que me enseñó. Luego de haberme escuchado tocar el piano me dijo que estaba claro que yo podía leer la música. Pero en ese primer encuentro me preguntó si estaba familiarizado con cosas como el toque, los matices, el fraseo y hasta con el modo de respirar cuando estuviese sentado ante el teclado, conceptos estos todos ajenos a mi experiencia. Cuando le respondí que no, ella me dijo: "¡Yo te enseñaré!" Y se sentó y tocó una pieza de Chopin tan maravillosamente que del asombro, quedé tan boquiabierto que ¡se me cayó mi mandíbula de nueve años de edad!

La Sra. Jordan me enseñó que tocar el piano era mucho más que saberse las notas. Al verla tocar con semejante calidez, dignidad y pasión, pude captar que el piano era un instrumento para expresarse.

A través de sus serios y constantes esfuerzos para dar con la forma de explicarle a un jovencito, lo que de otro modo no habría podido absorber, la señora Jordan encendió en mi el deseo de aprender y, cual testamento de su destreza para enseñar, en sólo año y medio vencí en una importante competencia de piano en Chicago y pude tocar en un concierto con la Sinfónica de Chicago en el Orchestra Hall.

Recuerdo que cuando estudié con la Sra. Jordan, fue que le ví, primera vez, una nueva dimensión, a lo que aparentemente ya era familiar para mí; el impacto de ésto ha perdurado en mí, hasta el día de hoy. De hecho, pienso que eso es lo que hacen los grandes mentores: despiertan en uno la capacidad de ver las cosas de manera diferente y que resuena de manera particular dentro de uno. Lo que también recibí de la señora Jordan, sin haberme dado cuenta en aquel entonces de ello, fue el significado de la forma en que la sinceridad de una persona puede ejercer un impacto en otra.

Miles Davis también era esa clase de mentor. Era un pesonaje singular con un dominio tan pleno de su instrumento y de su música, lleno de confianza, hacía las cosas como sentía que debía hacerlas. Se hablaba mucho de Miles porque cuando tocaba le daba la espalda al púbico, pero nosotros, los de su banda, veíamos claramente que lo hacía para dirigirnos sutilmente: un movimiento de cabeza por aquí, un gestito con su cuerno por allá, a la vez que seguía tocando con virtuosismo. Miles simplemente seguía adelante y nunca sintió la necesidad de explicarse. Quienes trabajamos con y para Miles pudimos apreciar su particular genialidad que iba más allá de tocar su instrumento. Lo que realmente era especial era su habilidad de atraernos e involucrarnos a todos en el proceso de integrar todo lo que pudiéramos aportar. Nos dijo que nos estaba pagando para que realizáramos nuestra práctica ahí mismo, en el estudio de música, y que nos tenía contratados para que creáramos y para que contribuyéramos con algo. Y tanto en la escena como en el estudio demostró repetidamente que podía tomar lo que aportáramos y convertirlo en algo maravilloso. En varias oportunidades nos salvó con esa habilidad suya, a convertir nuestros crasos errores en temas musicales que incorporaba de inmediato a lo que estábamos componiendo.

Y cuando nos bloqueábamos, de una manera muy peculiar, tenía la facilidad de sacarnos de ahí. Cuando en una oportunidad, me tuve que enfrentar como músico, con el equivalente del bloqueo del escritor, se inclinó hacia mí y me susurró al oído: "Coloca un sí en el bajo". Algo desconcertado, intenté trabajar en lo que creí me había querido decir, y ciertamente, una chispa se encendió, él la avivó y yo la retroalimenté, llevándonos ésto a un diálogo musical.

En otra ocasión, en la que yo estaba repetitivo me soltó lo siguiente: "¡No toques las notas facilonas!", lo que me dejó pensando hasta que llegué a la conclusión de que me estaba diciendo que, de alguna manera, evitara lo elemental. Ni siquiera hoy estoy seguro de si Miles tenía realmente claro lo que quería decirme, pero lo interpreté como que yo debía quitar las terceras y séptimas de los acordes que estaba ejecutando. Para no adentrarme demasiado en la técnica musical sólo diré que ellos le abren el sonido a quien improvise conmigo, y permite que se pueda contribuir mucho más en la exploración de las posibilidades de una melodía. Lo que Miles tuviese en mente funcionaba como una guía: ¡Nos inflamábamos! Para mí, esto es un ejemplo de grandeza en el liderazgo. En vez de dictar, me estimulaba a hallar la solución dentro de mí, apoyándome todo el tiempo con la plena confianza en que él armonizaría con todos nosotros.

Miles me hizo sentir constantemente que cada uno de nosotros poseía algo único y que sólo uno podía aportarlo. No lo hacía con palabras, más bien, era, principalmente, a través de su comportamiento. En aquel entonces, no me dí cuenta de ello sino fue hasta después de que comencé a practicar el Budismo de Nichiren Daishonin.

Esto me lleva al tercer mentor que impactó mi vida: Daisaku Ikeda. Como presidente de la Soka Gakkai Internacional él le ha abierto las puertas a doce millones de personas de 163 naciones para que, éstas, tengan acceso a todos los principios establecidos en este libro. Para mí, Daisaku Ikeda es un hombre que alienta la expresión creativa del individuo, la armonización y la combinación de los pueblos del mundo. Está luchando para lograr la paz, enseñándole a cada quién el modo de tener en sus manos la llave de la renovación diaria, de refrescarse el espíritu, de la felicidad y de la construcción de buena fortuna.

Por aplicar las lecciones contenidas en sus miles de escritos y disertaciones sobre el modo de aprovechar el poder de Nam-myoho-rengue-kyo (principio que rige al universo) he podido derrumbar, uno tras otro, los muros de los obstáculos erigidos en mi vida y ver realizadas tantas de mis metas y sueños. Tengo la solidez de mi convicción en que puedo manejar cualquier cosa que la vida me depare.

A medida que fui desarrollando la felicidad como la esencia de mi vida, mediante el ejemplo radiante de Daisaku Ikeda, de no darme por vencido ni de sucumbir ante la negatividad, fui aprendiendo de él que podemos ver cada momento desde infinitas perspectivas. Una de ellas es percibir el camino dorado contenido en ese momento y el diamante que existe en cada persona y esto lo impacta a todo: desde la forma en que ensamblo una música determinada para el disco que esté grabando —a mi manera de improvisar— hasta el modo en que veo a la gente con la que me relacione en los diversos ámbitos de mi vida. Independientemente de lo que una persona esté manifestando de sí misma, en un momento dado, ello no es sino una parte de su totalidad como ser humano ya que cada persona contiene dentro de sí a la semilla de la Iluminación y, por lo tanto, merece respeto. Aunque es fácil olvidarlo, especialmente, al tratar con las personas tildadas de difíciles en el mundo del espectáculo y en otros círculos, sin embargo, el constante ejemplo y consejo de Daisaku Ikeda son el medio para evaluar mi conducta y extraerle a los demás su mejor lado, mientras me sigo esforzando, a diario, para mejorarme a mí mismo.

Practicar el budismo durante veintinueve años me ha dado una base sólida. En retrospectiva, puedo decir que estoy bien y muy feliz con lo que obtengo de mi música. Para mí, la dicha de tocar va más allá de los aplausos, de los galardones y del entusiasmo de los *fans*. Por supuesto, que todo ésto es maravilloso, pero hay algo más que irrumpe desde lo más hondo: es trabajar con la música;

es permitirse excavar en lo profundo del propio corazón; es tener la suficiente confianza como para estar vulnerable y poder expresar esa vulnerabilidad a ese núcleo de seres humanos; y de hecho, hacerlo con sinceridad. Es estar consciente de lo que nos rodea, tanto de los otros músicos como del público presente. Es verter cosas desde el fondo de uno mismo, manifestándolas en el momento presente, permitiendo que fluyan desde lo más elevado de nosotros. Es acerca del proceso de hacer todo esto, no sólo por el propio placer, sino también con la esperanza sincera de poder tocar la vida de otras personas, ayudándolas a sentirse bien consigo mismas e inspirándolas para que se abran a sus posibilidades y cumplan sus anhelos en el presente y realicen sus sueños en el futuro, es decir, estimularlas para que lleven a cabo algo grandioso.

Con este libro, Woody Hochswender, Greg Martin y Ted Morino hicieron un magnífico trabajo. Los tres son también discípulos de Daisaku Ikeda y han vivido el impacto del Budismo de Nichiren al llevar sus orientaciones a la acción. *El Buda en tu espejo* nos presenta los profundos conceptos de Nichiren de una manera fácil y accesible.

Bien sea que lea este libro por mera curiosidad o por tener una necesidad acuciante de elevar su vida y circunstancias, yo le animo a que pruebe en serio los consejos prácticos que le ofrece *El Buda en tu espejo*. Quizás la idea del budismo le parezca extraña o alejada de su propio camino espiritual, pero si está atrapado o atrapada en lo mismo de siempre es hora de dejar de tocar las "notas facilonas" de su existencia y de abrirse para ver algo nuevo en la melodía de la vida. ¿Qué puede perder, aparte de… sus "blues"? O mejor dicho, ¡Seguro que el "allegro" no lo perderá!

El Buda
en tu espejo

UNO ONU

EL BUDA
EN TU
ESPEJO

Uno se llama "mortal común", mientras duda, pero cuando está iluminado, se le considera un "buda". Es similar a un espejo percudido que si se lo pule y se lo lustra brilla como una gema.

—Nichiren

Si hubiera alguna religión que pudiera satisfacer las necesidades científicas, ésta sería el budismo.

—Albert Einstein

LOS PÁJAROS CANTAN. El viento sopla. La Tierra gira. Las estrellas brillan y mueren. Las galaxias se mueven con gracia por el espacio. El hombre nace, vive, envejece y muere. Los patrones de la existencia son misteriosos e inconmensurables.

¿Quién lo entiende? En cierto modo, nuestra mundanal vida diaria no es menos compleja. ¿Quién puede comprender, por ejemplo, las necesidades de un niño de tres años, por no hablar de las inexplicables exigencias de la familia política de uno o de su jefe? En un solo día, en algunos momentos nos alegramos y en otros nos desesperamos. Nuestros sentimientos cambian constantemente. Las cosas triviales pueden hacernos felices, temporalmente, mientras que los contratiempos temporales pueden entristecernos profundamente. Las preocupaciones desplazan a la felicidad muy facilmente.

La vida puede interpretarse como una continua batalla contra los problemas grandes y pequeños.

Nunca antes en la Historia de Occidente se había puesto tanto énfasis en la sabiduría atemporal del budismo para buscarle respuestas a las grandes preguntas de la vida y para dominar los problemas de la vida diaria. Esto no es casualidad, ya que vivimos en la edad de la experimentación y de las preguntas científicas, y el budismo no contradice el mundo de la ciencia. De hecho, se ha llegado a llamar al budismo "la ciencia de la vida".

Ciertamente, las imágenes y el lenguaje del budismo han ido emergiendo cada vez más en la cultura contemporánea, desde las películas y la música pop hasta las revistas y espectáculos de televisión. Está el Buda de la novela *El Buda de Suburbia*, o el *dharma* de la comedia televisiva *El Dharma y Greg*. La palabra karma ha entrado en la jerga occidental y se aplica a cualquier cosa a la ligera: desde la preocupación por la comida sana hasta los constantes problemas de relaciones humanas.

Hoy en día, todos los que no nos gustan mucho o a los que no entendemos, nos parece que tienen un "mal karma". Y es como si todo tuviese algún Zen: Desde jugar golf hasta vencer a tus enemigos en cuestiones personales, o incluso al doblar la ropa. Obi Wan Kenobi no puede calificarse de budista en sí, pero su sabiduría al utilizar la fuerza metafísica en la serie épica de *La guerra de las galaxias*, este poder místico que impregna el universo y que capacita a sus maestros, se asemeja al concepto budista de la "fuerza de la vida" y los poderes legendarios atribuidos a los Budas en los antiguos escritos sagrados. El significado real de estas palabras, desde el punto de vista de la tradición budista, se ha nublado un poco. En Occidente, el budismo se ha considerado durante mucho tiempo una religión elitista o "beatnik", lo que podría discutirse largo y tendido, así como con respecto a la política radical y al arte difícil. Es posible que esta imagen duradera provenga del periodo Beat de *Los vagabundos del Dharma* de Jack Kerouac, de los libros explicativos de Alan Watts y de las incontables escenas literarias en las que se mostraban bongos y *satori* (el término japonés que designa la iluminación, utilizado sobre todo en la filosofía Zen). Puede dar la impresión de que el budismo es, principalmente, un sistema de abstracción intelectual o un modo de escapar de la realidad material. Para muchos, la imagen popular preponderante del budismo consiste de una enseñanza mística impenetrable que se estudia en aislamiento monacal, cuyo objetivo es alcanzar la paz interior como fin en sí misma. Existe una historia famosa sobre el Buda histórico que demuestra la razón por la que esta visión es incorrecta.

Un día, mientras el Buda caminaba por el Parque del Ciervo, en Benares (India), se encontró con un reno tumbado en el suelo. Tenía una flecha de caza clavada en el costado. Mientras el reno moría lentamente, dos brahmán (sacerdotes) estaban de pie junto al cuerpo discutiendo sobre el momento exacto en el que la vida abandonaría al cuerpo. Al ver al Buda, como deseaban solucionar su debate le pidieron su opinión. El Buda les ignoró y se acercó enseguida al reno y le sacó la flecha, salvándole la vida.

El budismo es una bella filosofía pero, sobre todo es tomar acción.

Si bien las imágenes y adaptaciones Pop del budismo son a veces superficiales e imprecisas, apuntan a una sorprendente realidad: El lenguaje y la sabiduría del budismo cada vez se aplican más a las complejidades de la vida moderna porque, realmente, parecen adaptarse a ella. Los conceptos y estrategias budistas, al ser aplicadas a la felicidad, la salud, las relaciones humanas, las carreras profesionales e incluso al proceso de envejecimiento y la muerte, se adaptan a la verdad de la existencia moderna, en el propio palpitar de la vida real. Las ideas budistas están formando parte de la corriente dominante porque tienen una facultad descriptiva bien adaptada a los avatares del mundo moderno, sin el peso de una moralidad dogmática.

El budismo explica las profundas verdades de la vida, pero también proporciona un método sumamente práctico para superar los obstáculos y transformarse uno mismo. Lo que aprendas en estas páginas podrás aplicarlo a todos los ámbitos de tu existencia: familia, trabajo, relaciones, salud. Y cualquiera puede aplicarlo. Este libro puede cambiar tu vida. Aunque no es en sentido estricto un libro de autoayuda, encierra los secretos más consagrados y eficaces de la autoayuda formulados hasta ahora: el amplio sistema de pensamiento que es el budismo. Se titula *El Buda en tu espejo* por su idea más elemental: El Buda eres tú. En otras palabras, todos y cada uno de los seres humanos contienen la capacidad inherente para ser un *Buda*, una antigua palabra indú que significa "el iluminado", o aquél que ha despertado a la verdad eterna e inalterable de la vida.

Al explorar este gran potencial interior que es nuestra naturaleza de Buda, encontramos recursos ilimitados de sabiduría, valor y compasión. En lugar de obviar o de temerle a nuestros problemas, aprendemos a afrontarlos con un alegre vigor, seguros de nuestra capacidad para superar cualquier cosa que nos depare la vida. Este potencial latente podría compararse con un rosal en invierno: las flores están aletargadas, pero sabemos que el arbusto tiene potencial para florecer.

Ahora bien, desde el punto de vista del día a día, este YO superior, este estado iluminado permanece oculto a la vista; se trata del proverbial "tesoro que está demasiado cerca como para verlo". Este aspecto fundamental de los dilemas humanos se ilustra mediante la parábola de "La joya en la túnica" que se relata en el Sutra del Loto. Es la historia de un hombre pobre que visita a su amigo rico:

La casa era muy lujosa y [al hombre pobre]
le sirvieron muchas bandejas de exquisiteces.
El anfitrión tomó una joya valiosísima,
la cosió en la túnica del hombre pobre,
se la dio sin pronunciar ni una palabra y se fue,
y el hombre, que estaba dormido,
no se dio cuenta de nada.
Después de despertarse, el hombre viajó
de aquí para allá a otros países, buscando comida
y ropa para mantenerse y con muchas dificultades
para seguir subsistiendo.
Se las arreglaba con lo poco que encontraba
y nunca esperaba nada mejor, sin saber que
llevaba entre sus ropas una joya preciosa.
Posteriormente, el buen amigo, que le había dado

la joya, se encontró con el hombre pobre y,
tras reprenderle duramente, le enseñó la joya
que había cosido en su túnica.

Cuando el hombre pobre vio la joya,
su corazón se llenó de una inmensa alegría,
porque era rico y poseía la riqueza y los bienes
suficientes para satisfacer los cinco deseos.
Somos como ese hombre.

Esta parábola describe la ceguera de los seres humanos
ante la preciosidad de su vida y ante la condición más importante de la budeidad. El objetivo de este libro es ayu-
darte a descubrir esta maravillosa joya que llevas dentro
y pulirla hasta que brille intensamente, a iluminar no sólo
tu vida, sino también la vida de los que te rodean. Puesto
que el budismo enseña que el descubrimiento (o transformación) de uno mismo tiene un efecto, tanto inmediato como de largo alcance en la familia, amigos y
sociedad. Si reflexionamos sobre las lecciones del Siglo Veinte, cubiertas de sangre y sufrimiento debemos
reconocer los esfuerzos, que han surgido de repente,
por reformar y reestructurar las instituciones de la sociedad y por profundizar en la felicidad humana. Este
es un punto clave. El budismo destaca la transformación personal interior como un modo de fomentar

las soluciones duraderas y sostenibles con relación a los problemas del mundo.

¿Qué significa entonces ser un Buda? La palabra *Buda* era un sustantivo común que se utilizaba en la India en vida de Shakyamuni, el Buda histórico. Esto es importante en el sentido de que la iluminación no se ve como el ámbito exclusivo de un solo individuo. Los sutras budistas hablan de la existencia de otros budas aparte de Shakyamuni. Por lo tanto, el budismo no sólo comprende la enseñanza del Buda, sino también la enseñanza que permite a todas las personas convertirse en budas.

La vida del Buda

A diferencia de las religiones occidentales, como el judaísmo, el cristianismo y el islamismo, el budismo no proclama la revelación divina. En cambio, es la enseñanza de un único ser humano que, mediante sus propios esfuerzos, descubrió la Ley de la vida en su interior. Este hombre no escribió nada y se sabe muy poco de él, pero lo que conocemos se ha convertido en el catalizador de millones de vidas que se están transformando.

El Buda histórico, se llamaba Siddhartha (El que ha logrado su objetivo) de nombre, y Gautama (La mejor vaca) de apellido, nació en el norte de la India hace unos 2500 o 3000 años. Existen distintas opiniones sobre la fecha real, pero las últimas investigaciones se inclinan por establecer el nacimiento de Buda en el Siglo VI ó V antes de Cristo. La fecha, aunque no sea exacta, tiene su importancia. Tal como lo destacó el filósofo alemán Karl Jaspers, Siddhartha nació aproximadamente en la misma época que Sócrates en Grecia, Confucio en China e Isaías en el mundo judaico. La aparición simultánea de estas grandes personalidades, según Jaspers, marcó los albores de la civilización espiritual.

El padre de Siddhartha gobernaba el clan Shakya, pequeña tribu asentada cerca de la frontera de Nepal, por lo que el Buda fue conocido como Shakyamuni (Sabio de los Shakyas). Como se conservan pocos documentos, los conocimientos sobre su juventud son muy elementales. Sabemos que Siddhartha nació príncipe y vivió en un entorno próspero. Sabemos también que estaba dotado de una aguda inteligencia y tenía una naturaleza introspectiva. De joven se casó con Yashodhara, que le dio un hijo, Rahula. Al final, renunció a su rica y privilegiada existencia para seguir un camino de sabiduría y de conocerse a sí mismo. El motivo por el que dejó los lujos de su casa y la seguridad de su familia se explica en la leyenda de las cuatro reuniones.

Se dice que el joven príncipe dejó su palacio de Kapilavastu en cuatro ocasiones distintas. Por la puerta Este se encontró con un hombre encorvado y arrugado por la edad. Por la puerta Sur vio a un enfermo. En su tercera salida, por la puerta Oeste vio un cadáver. Al final, por la puerta Norte, se encontró con un asceta religioso. El anciano, el enfermo y el cadáver representan los problemas de la vejez, la enfermedad y la muerte, junto con el nacimiento (o la propia vida); estas condiciones se denominan "los cuatro sufrimientos" o los problemas fundamentales de la existencia humana. El motivo por el que Shakyamuni abandonó su condición de príncipe por llevar una vida ascética fue, ni más ni menos, para descubrir el modo de superar los cuatro sufrimientos.

Siddhartha inició su viaje a la manera de los antiguos *arhats* indios u hombres sagrados, que vagaban por el campo en busca de la verdad fundamental. Sabía que el camino era arduo y estaba lleno de desafíos físicos y mentales. Primero viajó hacia el sur y entró en Rajagriha, capital del reino de Magadha, donde practicó a las órdenes del maestro Alara Kalama, de quién se dijo que había alcanzado mediante la meditación "el reino donde no existe nada". Siddhartha alcanzó enseguida la misma fase, pero no encontró respuesta a sus preguntas. Se dirigió a otro sabio, Uddaka Ramaputta, quien había alcanzado "el reino donde no hay pensamiento ni ausencia de pensamiento". Tras comprender también esta meditación, Siddhartha seguía sin encontrar respuesta a sus preguntas más profundas.

En *El Buda viviente*, Daisaku Ikeda, uno de los intérpretes modernos más destacados del budismo ha escrito: "Para los maestros de yoga como Alara Kalama y Uddaka Ramaputta, la práctica del yoga se había convertido en un fin en sí mismo... Tanto la meditación del yoga como del Zen son prácticas excelentes creadas por la filosofía y la religión asiática pero, tal como puso de manifiesto Shakyamuni, deberían emplearse para lograr comprender la verdad fundamental y no para considerarse como un fin en sí mismas".

Siddhartha se embarcó en una serie de prácticas ascéticas, incluida la suspensión temporal de la respiración, el ayuno y el control mental. Tras varios años atormentando su cuerpo hasta llegar casi a morir, abandonó las prácticas ascéticas estrictas que lo habían debilitado y se dedicó a meditar bajo un pipal, un tipo de higuera (que más tarde se llamó el árbol bodhi), cerca de Gaya. Al final, alrededor de los treinta años de edad, logró la iluminación y se convirtió en Buda.

La iluminación de Buda.

Resulta imposible saber con exactitud lo que descubrió el Buda bajo ese árbol. Pero según muchas enseñanzas, que al igual que la *Odisea* de Homero, primero fueron transmitidas oralmente por sus seguidores, sabemos que él sentado bajo el árbol pipal, logró ir más allá de la conciencia normal, en un lugar donde se veía a sí mismo como alguien que es uno solo con la vida del universo. Se ha documentado que, en los primeros tiempos de su meditación, seguía atrapado en la distinción entre sujeto (él mismo) y objeto (el mundo exterior). Sabía que su propia conciencia estaba rodeada de un muro, el límite de su cuerpo, así como el entorno que había fuera de él. Al final, según Daisaku Ikeda en el *Buda viviente*,

Shakyamuni tenía una visión clara de su propia vida en todas sus manifestaciones a la vez. Según la doctrina de la trasmigración, que desde muy pronto se expuso en el brahmanismo, la vida de un ser humano no se limita en modo alguno al presente. Shakyamuni, cuando meditó bajo el árbol Bodhi, recopiló claramente todas sus existencias anteriores una a una, y se dio cuenta de que su existencia presente era parte de la continua cadena del nacimiento, la muerte y el renacimiento, que había ido perpetuándose durante millones de años en el pasado. Esto ni le vino por una especie de intuición, ni lo percibió como un concepto o idea. Era una recopilación clara y verdadera, no distinta —aunque vista desde un plano distinto— de los acontecimientos que se han ido enterrando en los lugares más recónditos de nuestra mente y que recordamos en especial cuando nos encontramos muy tensos o concentrados.

Él comprendió el verdadero aspecto de la realidad como "no permanencia". ¿Qué significa esto?

Todas las cosas, todos los fenómenos sufren constantes cambios. La vida, la naturaleza y la sociedad nunca dejan de cambiar ni un solo instante. Aparentemente, la mesa a la que se sienta o el libro que sujeta o el edificio en el que vive están construidos con solidez, pero algún día se desmoronarán. El budimo explica que el sufrimiento nace en nuestros corazones porque olvidamos el principio de la no permanencia y creemos que lo que poseemos durará para siempre.

Supongamos que tienes una novia o un novio atractivo. ¿Pasas mucho tiempo preguntándote cómo será dentro de treinta o cuarenta años? Por supuesto que no. Es humano sentir que la salud y la juventud durarán siempre. Del mismo modo, hay pocas personas ricas que se imaginen que pueden perder su dinero algún día. No tiene nada de malo que la gente piense así. Sin embargo, sufrimos porque tenemos estas nociones. Es posible que quieras que la persona a la que amas sea joven y bella siempre y puede que hagas grandes esfuerzos por hacer que el amor dure. Pero cuando el tiempo te separe de tu amado o amada, sentirás un inmenso dolor. Algunas personas, deseosas de acumular riqueza, llegan a luchar contra otras y si pierden esa riqueza, deben sentir el amargo sabor del sufrimiento. Hasta el apego a la vida en sí produce sufrimiento, porque tememos a la muerte. El budismo nos enseña a reconocer estos ciclos de no permanencia y a tener el valor para aceptarla.

Además de comprender la no permanencia, según parece, Shakyamuni descubrió en su mente la interrelación de todas las cosas. El universo y todo lo que hay en él fluye, surge y se esfuma, apareciendo y despareciendo, en un ciclo infinito de cambio condicionado por la ley de la causalidad. Todas las cosas están sometidas a la ley de causa y efecto y, por lo tanto, nada puede existir sin lo demás. Este concepto budista de la causalidad se conoce como el "origen dependiente". Shakyamuni descubrió la ley eterna de la vida que está presente en el universo, el aspecto místico de la vida en que todas las cosas del universo están interrelacionadas e influyen unas sobre otras en un ciclo infinito de nacimiento y muerte.

La esencia del descubrimiento de Shakyamuni se explica con el concepto de las Cuatro Verdades Nobles, según el cual (1) toda existencia es sufrimiento; (2) el sufrimiento viene provocado por el sentimiento egoísta; (3) la erradicación del sentimiento egoísta termina con el sufrimiento y permite alcanzar el nirvana y (4) existe un camino mediante el cual se puede lograr esta erradicación, y es la disciplina del camino de las ocho etapas. Aquí podemos ver las primeras indicaciones de que el proceso para lograr la felicidad absoluta sin los sufrimientos de la vida es un camino o viaje.

La abolición de la ignorancia y la adopción de una perspectiva correcta son los ejes de la práctica budista. Son también la motivación que inició una búsqueda de tres mil años—empezando por el propio Shakyamuni—para dilucidar el vehículo (o método) que llevaría al practicante budista por el camino que terminara con el sufrimiento y le diese la felicidad absoluta. Todas las diversas escuelas y prácticas budistas se han ido desarrollando en un esfuerzo por crear dicho vehículo.

Tras este descubrimiento, Shakyamuni permaneció

sentado bajo el árbol durante un tiempo en un estado de alegría. Pero en cuanto volvió al mundo empezó a atormentarle el pensamiento de que podía resultar difícil comunicar la iluminación sobre la ley de la vida. Desde que la profundidad de su entendimiento superó con creces el de los buscadores espirituales más avanzados de nuestros días, preparó a sus oyentes enseñándoles primero con parábolas y analogías fáciles de entender. De este modo, Shakyamuni despertó gradualmente a aquellos a quienes transmitió sus enseñanzas, mientras cumplía este objetivo último de demostrar a todos que poseían budeidad. Tal como afirma en un pasaje narrado del Sutra del Loto:

Siempre me digo a mí mismo:
¿Cómo puedo hacer que los seres vivos
entren en el camino desconocido y adquieran
rápidamente el cuerpo de un Buda?

No era tarea fácil. Shakyamuni pasó los cuarenta y pico años restantes de su vida predicando a personas con problemas, del modo más adecuado para que le entendieran. A la luz de todo esto, vemos que la idea del budismo como el privilegio especial de los hombres religiosos que meditan en las cimas de las montañas es erróneo.

Shakyamuni nunca pretendió que sus enseñanzas se aplicasen exclusivamente a un grupo de devotos enclaustrados. Todas las pruebas apuntan a que deseaba que sus enseñanzas se expandieran y fueran adoptadas por personas comunes. Sus lecciones se recopilaron como las denominadas ochenta y cuatro mil enseñanzas que, al igual que las enseñanzas de Jesucristo, han sido interpretadas y reinterpretadas durante siglos. De hecho, el principal problema de los budistas a lo largo de los milenios no ha sido tanto lo que dijo el Buda sino cómo poner en práctica sus enseñanzas. Cómo puede experimentarse la iluminación de Buda, su sabiduría trascendental. Cómo convertirse en un Buda.

El camino a la iluminación

Hoy en día existen muchas escuelas de budismo, quizás miles. La escuela británica Christmas Humphreys escribió una vez: "Describir [el budismo] es tan difícil como describir Londres. ¿Es Mayfair, Bloomsbury u Old Kent Road? ¿O es el mínimo denominador común de todas estas partes, o todas ellas y algo más?" Conforme la filosofía budista se propagaba desde la India — hacia el Norte, por China y el Tíbet, y hacia el Sur a Tailandia y el Sudeste de Asia — iba absorbiendo y recibiendo la influencia de las costumbres y creencias de las religiones locales. El budismo que se extendió hacia el Tíbet y China y, al final, hacia Corea y Japón se llamaba Mahayana, que significa "gran vehículo". El que se expandió en dirección Sur hacia el Sudeste de Asia y Sri Lanka se denominó Hinayana, o "pequeño vehículo", un término peyorativo asignado por los mahayanistas. Las escuelas Hinayana, basadas en las primeras enseñanzas de Shakyamuni, predicaban un código de conducta personal muy estricto y detallado orientado a la salvación personal (hoy en día, la única escuela Hinayana que existe es Theravada, o "la enseñanza de los mayores"). Las escuelas Mahayana predicaban la necesidad de que el budismo fuera un modo compasivo para que la gente normal alcanzase la iluminación; para buscar un método práctico que sirviese de vehículo a fin de que hubieran más personas (el gran vehículo) que realizase el viaje a la budeidad.

La profusión de distintos sutras y teorías budistas llegó a convertirse en una fuente de gran confusión, especialmente en China durante los siglos I y II. En aquel momento, los estudiosos chinos se enfrentaban a la aleatoria introducción de diversos sutras de las muchas escuelas Hinayana y de las escrituras Mahayana. Perplejos ante esta diversidad de enseñanzas, los budistas chinos trataron de comparar y clasificar los sutras.

En el siglo V, la sistematización del canon budista había avanzado considerablemente. Concretamente, un monje budista llamado Chihi, conocido más adelante como el Gran Maestro Tient'ai, creó la norma definitiva conocida como "los cinco periodos y las ocho enseñanzas". Basándose en su propia iluminación, que podía haber competido con la de Shakyamuni, el sistema de Tient'ai clasificaba los sutras cronológicamente y desde el punto de vista de la profundidad. Determinaba que el Sutra del Loto, la penúltima enseñanza que Shakyamuni expuso hacia el final de su vida, contenía la verdad fundamental. Tient'ai formuló esta verdad como el principio de los "tres mil mundos contenidos en un solo instante de la vida". Emplea un enfoque fenomenológico, que describe todas las emociones caleidoscópicas y los estados mentales a los que se ven sometidos los humanos en cualquier momento determinado. La teoría de los tres mil reinos en un solo momento de la vida sostiene que todos los innumerables fenómenos del universo están ocasionados por un único momento de la vida de un mortal común. Por lo tanto, el macrosomos está contenido dentro del microcosmos.

La amplia dimensión de la vida que descubrió Shakyamuni bajo el árbol bodhi trascendía la conciencia humana normal. Tient'ai describió esta verdad fundamental como los tres mil reinos en un solo momento de la vida, reconociendo que el Sutra del Loto era el único sutra que afirmaba que todas las personas —hombres y mujeres, buenos y malos, jóvenes y mayores— tenían el potencial para alcanzar la budeidad en su vida.

Seguía quedando pendiente una cuestión fundamental: ¿Cómo podía aplicar esto a su vida la gente común? Con este fin, T'ient'ai defendía la práctica rigurosa de observar la mente mediante la meditación, ahondando cada vez más hasta alcanzar la verdad fundamental de los tres mil reinos en un solo momento de la vida. Lamentablemente, sólo podían llevar a cabo este tipo de práctica los monjes, que podían pasar largos periodos contemplando el mensaje implícito en el Sutra del Loto. A las personas que trabajaban para ganarse la vida les resultaba prácticamente imposible, pues tenían otras cosas en la cabeza. El auge del budismo no se cumpliría hasta que migrase por las rutas comerciales hacia Japón. Hoy en día no se practicaría y veneraría, tanto de no ser por el valor y la visión extraordinaria de un monje japonés del siglo XIII llamado Nichiren, que ofreció un claro enfoque del Sutra del Loto que incidió directamente en la gente y en su vida diaria.

El budismo de los tiempos modernos

Nichiren, nacido en Japón en 1222, le dio una expresión concreta y práctica a la filosofía budista de la vida que enseñó Shakyamuni e iluminó T'ien-t'ai. Exponía el corazón del Sutra del Loto y, por ende, la iluminación del Buda, de un modo que la gente podía practicar. Lo definía como la invocación de Nam-myojo-rengue-kyo, basándose en el título del Sutra del Loto.

Su logro estaba íntimamente relacionado con el reflejo de una compleja teoría científica como técnica práctica. Del mismo modo que el descubrimiento de la electricidad por Benjamín Franklin no se aprovechó para fines prácticos hasta muchos años después, cuando Thomas Edison inventó la bombilla, la iluminación de Shakyamuni era inaccesible, salvo para unos cuantos, hasta que Nichiren enseñó la práctica fundamental para que la gente pudiera sacar de sí misma la ley de la vida desde dentro de sí mima. Con este principio, consiguió influir y motivar directamente a las personas que se topaban con él, anunciando una nueva época en la historia del budismo.

Había revelado la suprema enseñanza Mahayana —el supremo vehículo— por el que todas las personas podrían viajar a la budeidad. En palabras del propio

Nichiren: "Si una mosca azul se aferra al rabo de un ca-
ballo pura sangre, puede recorrer diez mil millas, y la
hiedra verde que trepa por el pino alto puede llegar a
crecer mil pies". Por primera vez, la gente común podía
emprender el viaje que antes sólo podían realizar los
hombres santos y sabios.

El budismo de Nichiren ha demostrado ser de un inmenso valor para millones de personas. Fue Nichiren
quien expresó la esencia del Sutra del Loto de modo que
permitiera a todas las personas, cualquiera que fuese su
nivel de conocimientos, iniciar el camino hacia la iluminación. Se trataba de un avance revolucionario en la historia de la religión.

El budismo empezó con la enseñanza de un ser humano que descubrió la ley de la vida dentro de sí mismo,
llegando a incluir interpretaciones de esa enseñanza realizadas por especialistas y profetas. Como hemos explicado ya, la palabra *Buda* significaba en su origen "el
iluminado", el que ha descubierto la eterna verdad o la
ley de la vida (dharma). Esta verdad es eterna y no conoce fronteras. Está presente siempre y en todas partes.
En este sentido, la ley de la vida no es propiedad exclu-
siva del Buda Shakyamuni o de los monjes budistas.

La verdad está abierta a todos por igual. En el budismo que describimos en estas páginas no hay sacerdotes

ni gurús, no existe ninguna autoridad suprema que decida lo que es correcto o incorrecto, lo que está bien o lo que está mal. En este budismo se ha echado abajo la división entre sacerdotes y laicos, lo que lleva a una democratización completa de la práctica. Como es básicamente no dogmático, se adecua a quienes son escépticos. La ley suprema que lo tolera todo, y que el Buda percibió, puede ser otro modo de designar el concepto que algunas personas tienen de Dios. Por otra parte, es posible que aquellas personas que no pueden creer en un Dios antropomórfico vean una energía subyacente del universo. La amplitud de miras del budismo conjuga ambos puntos de vista y se centra en el individuo.

No existe ninguna fuente exterior a la que culpar, ni nadie a quien implorar la salvación. En el budismo no existe ningún Dios ni ningún ser sobrenatural que planifique ni dé forma a nuestro sino. En la religión occidental, uno puede acercarse a Dios mediante la fe, pero nunca puede convertirse en Dios. En el budismo la persona nunca puede separarse de la sabiduría de Dios, porque la sabiduría suprema existe ya en el corazón de cada persona. A través de la práctica budista, tratamos de atraer esa parte de la fuerza universal de la vida que llevamos original y eternamente dentro —lo que se denomina budeidad— y manifestarla convirtiéndonos en un Buda. Los budistas son conscientes de la existencia, en lo más profundo de su ser, de la ley eterna que está presente, tanto en el universo como en cada ser humano. Su objetivo es vivir cada día de acuerdo con esa ley. Al hacerlo, descubren un modo de vivir que lo orienta todo hacia la esperanza, el valor y la armonía. Es el descubrimiento de esta ley objetiva en sí misma, tal como se manifiesta dentro del individuo, lo que crea el valor espiritual y no una fuerza o ser exterior. Tal como afirmó Nichiren en una famosa carta titulada "Sobre el logro de la budeidad en esta vida":

> El modo en que pongas en práctica las enseñanzas budistas no te liberará de los sufrimientos del nacimiento y la muerte, a menos que percibas la verdadera naturaleza de tu vida. Si buscas la iluminación fuera de ti mismo, ni siquiera diez mil prácticas y diez mil buenas acciones servirán de nada. Es como el caso del pobre que pasa noche y día contando la riqueza de su vecino sin ganar con ello ni una moneda.

Esta idea de que la capacidad para alcanzar la felicidad reside de modo absoluto dentro de uno mismo puede resultar desconcertante. Lleva implícito un sentido radical de la responsabilidad. Tal como ha escrito Daisaku

Ikeda: "La sociedad es compleja y dura, ya que te exige luchar incansablemente para sobrevivir. Nadie puede hacerte feliz. Tu felicidad depende totalmente de ti... Un ser humano estará destinado a vivir una vida de gran sufrimiento si es débil y vulnerable ante su entorno exterior".

Pero en lugar de emplear un enfoque crudo y nihilista de la vida, la práctica y la filosofía budistas están llenas de esperanza y soluciones prácticas a los problemas de la existencia diaria. La filosofía descrita en este libro es tan práctica que no solemos referirnos a ella como una "religión" (aunque lo sea), sino como una "práctica", porque casi todos los que la siguen la han encontrado sumamente útil. Así pues, aunque existen múltiples debates sobre la teoría y la filosofía del budismo moderno, este libro se centrará en el modo en que tú, el individuo, puedas utilizar el budismo como una poderosa herramienta para solucionar los problemas de la vida diaria.

Tal como Nichiren citaba del Sutra del Loto: "Ningún asunto mundano es contrario a la auténtica realidad" y además, "todos los fenómenos del universo son manifestaciones de la ley budista". Dicho de otro modo, la vida diaria es ese momento drástico en el que se gana o pierde la batalla por la iluminación. Nichiren enseñó que todos los mortales comunes podían alcanzar la budeidad aquí, en este mundo, sin renunciar a sus deseos ni cambiar de identidad. En una época marcada por el escepticismo y la desconfianza generalizada de las creencias e instituciones tradicionales, esta práctica religiosa dinámica y autodirigida se convierte en la más valiosa.

El budismo en su esencia no es autoritario sino democrático, científico y está basado en una serie de ideas obtenidas principalmente a través de los esfuerzos individuales orientados al perfeccionamiento personal. El budismo también tiene una repercusión inmediata de gran alcance en la sociedad que nos rodea. El budismo es un modo de vida que no distingue entre el ser humano individual y el entorno en que vive una persona. El budismo es un concepto que interrelaciona todas las formas de vida en una compleja red que va más allá del entendimiento humano, y constituye un marco espiritual e intelectual para la conciencia del entorno. La visión occidental del mundo, tal como la expusieron el cristianismo y el judaísmo, es antropocéntrica, y sitúa a la humanidad en la cúspide del orden natural. Sin embargo, el budismo ve la humanidad como parte de la naturaleza, respaldando y dando lugar a la noción de bioética. Como todos los individuos tienen un vínculo con todas las cosas de la tierra, el destino de nuestro planeta está influido por las acciones de los mismos.

El budismo moderno también es no moralista. En un

mundo caracterizado por una rica variedad de gente, culturas y estilos de vida, el budismo no obliga a llevar un único modo de vida. No hay "preceptos". El budismo te acepta exactamente tal como eres, con todas tus debilidades y todas tus fallas, tanto pasadas como presentes. Ahora bien, esto no significa que puedas mentir, robar o matar. La fuerza moral del budismo no se basa en una lista de normas de conducta sino en una transformación interior. Los practicantes del budismo terminan actuando de un modo más amable, compasivo y en un respeto absoluto por el valor de las vidas de los demás. Este proceso ocurre casi automáticamente.

El budismo y el cosmos

Por último, cabe destacar que nada de lo que el Buda histórico enseñó contradice sustancialmente los descubrimientos de Galileo y Einstein, Darwin y Freud. Sin embargo, sus conceptos se forjaron miles de años antes, sin la ayuda de telescopios, alta tecnología ni palabras escritas. El modelo budista del universo presenta un gran parecido con la cosmología aceptada hoy en día. Aunque el Buda nunca habló en términos de "Big Bang", presuponía un cosmos que responde, desde el punto de vista teórico, a lo que muchos científicos proponen hoy.

En líneas generales, la teoría budista acepta los amplios conceptos de la dimensión, tiempo y espacio de la física moderna, e incluso es coherente con los conceptos intangibles de la teoría cuántica. Los artículos relativos a los grandes avances de la física de las partículas, por ejemplo, presentan muchas similitudes con la doctrina de la no permanencia explicada por el Buda. En el Sutra del Loto, el texto principal del budismo Mahayana, una visión de escala "prometeana" del universo se articula del modo denominado "sistema del mundo mayor", un concepto amplio que implica tanto la existencia de innumerables galaxias como la posibilidad de que exista vida sensible en otros planetas. Al mismo tiempo, contiene un análisis detallado de la vida que penetra la profundidad de la mente humana. De este modo, la premisa básica del budismo Mahayana es que existen muchos mundos con vida en el universo, aunque describe el budismo como la fuerza impulsora que permite a cada ser humano llevar a cabo su propia reforma espiritual, asegurando la paz eterna y la supervivencia de las civilizaciones a largo plazo.

A lo largo de su historia de dos mil quinientos años, la expansión del budismo se ha caracterizado por la tolerancia, la amabilidad y el amor por la naturaleza. Tal como afirmaba el erudito francés Sylvain Levi: "Es justo que el budismo reclame el honor de haber conquistado una parte del mundo sin recurrir jamás a la violencia ni a la fuerza de las armas". De hecho, el objetivo de los budistas y la meta subyacente de este libro, es establecer la paz mundial. Según el budismo decimos: "la paz mundial mediante la iluminación individual". Conseguiremos una sociedad pacífica y segura mediante un proceso de diálogo individual —de persona a persona— hasta que la guerra y sus causas subyacentes desaparezcan de la tierra. Por todas estas razones, el budismo debe desempeñar una función dinámica en la cultura científica emergente del Siglo XXI.

Con una idea brillante como telón de fondo, pasaremos a tratar la idea de la práctica individual, incluida la ley secreta que Nichiren descubrió oculta en las profundidades del Sutra del Loto. Porque, antes de poder cambiar el destino del mundo, debemos cambiar primero el nuestro.

DOS

LA
PRÁCTICA

Ser filósofo no consiste únicamente en tener
pensamientos perspicaces, ni tampoco en
fundar una escuela... Consiste en solucionar
los problemas que plantea la vida,
no de un modo teórico sino práctico.

—Henry David Thoreau

No hay modo de salir de este desorden, salvo
logrando la iluminación y disfrutando de ella.

—Robert Thurman

NOS PARECE que los cisnes nadan tranquilamente, pero aunque no podamos verlo, pedalean sin cesar bajo el agua. Del mismo modo, el budista practica mucho día a día y, no sin esfuerzo, allana el camino para que las cosas le vayan bien en la vida. Permite enfrentarse a las penas de la existencia con ecuanimidad y aplomo. La iluminación, o la conciencia de la verdad universal inherente a todos los fenómenos, saca a relucir todos los aspectos más nobles y gratificantes de la vida de una persona.

¿Cuál es pues la práctica diaria correcta del budismo que permite avanzar hacia la iluminación?

Entre la sinfonía de cambio que reina en el mundo exterior, la vida cambia por momentos. Hasta la silla sobre la que te sientas cambia, en el nivel molecular, a pesar de que no puedas percibir los cambios. Este cambio o fluctuación constante, que queda expresado en el concepto budista de la "no permanencia", provoca los sufrimientos fundamentales de la existencia humana. Pero ocasionalmente, en medio del flujo de la vida, en un fugaz instante, sentimos un ritmo, un zumbido o un impulso subyacente en todas las cosas. Estos momentos de visión y conciencia suelen darse tras experimentar un momento de belleza o tranquilidad extraordinaria, por ejemplo: al contemplar una puesta de sol perfecta en el Caribe durante las vacaciones. Este momento se puede producir también durante el apogeo de un logro: al escalar la cara de una pared rocosa vertical, al tocar en un concierto complicado o al atrapar un pase tirado perfectamente fuera del alcance de dos defensas. Cuando se produce un momento así, se tiene la sensación de estar en una zona especial, donde el mundo exterior es impredecible y el mundo turbulento está en fusión: el tiempo se suspende y de repente sentimos que no hay nada que no podamos hacer.

¿Pero cómo podemos hacer para que estos momentos álgidos se produzcan cuando queremos que se produzcan? ¿Cómo buscamos en este pozo de energía y sabiduría en el que nuestras propias vidas y la vida del universo parecen vibrar por un momento al unísono?

El maestro budista Nichiren, que vivió y escribió en el siglo XIII, definió este ritmo, este pulso subyacente de la vida, como Nam-myojo-rengue-kyo. Esta frase permite a todo el mundo hacer aflorar a su voluntad este potencial ilimitado, esta condición vital superior. Este estado superior de la existencia se llama budeidad. Según los escritos de Nichiren, la iluminación no es un fin en sí mismo, un objetivo casi imposible que deba perseguirse vida tras vida en un dramatismo sin fin extraído de Sísifo. Al contrario, es una cualidad inmanente, presente en todos los momentos de toda vida, en espera de ser despertado en cualquier momento.

Según las enseñanzas budistas, cada uno de nosotros posee el potencial de la felicidad. Nosotros tenemos la capacidad de vivir con valor, de mantener unas relaciones satisfactorias, de disfrutar de buena salud, de mostrar misericordia por los demás, de afrontar y superar nuestros mayores problemas. Para vivir esta clase de vida de triunfo, el individuo ha de experimentar una transformación interior. Este proceso supone una verdadera transformación de nuestro carácter, una "revolución humana" individual.

Supongamos la siguiente situación: Es posible que te sientas menospreciado en tu trabajo. Quizá tu jefe sea intolerante o te ignore. Con el tiempo, te resientes. Aunque seas experto en ocultar la negatividad, de vez en cuando asoma su horrible cabeza. Es posible que tus compañeros

o tu jefe sientan que no te entregas plenamente a tu trabajo, o que muestras una mala actitud. Es evidente que
tienes un sinfín de motivos para mostrar esta actitud, todos ellos "válidos". Pero cualesquiera que sean las razones,
estás perdiendo oportunidades para progresar porque tus
relaciones no son satisfactorias. Hoy en día, esta situación
se da con frecuencia en los entornos laborales.

Supongamos que empiezas a ir a trabajar con una actitud nueva, que no es simplemente un ajuste mental
sino un punto de vista reforzado por un hondo sentimiento de vitalidad, seguridad y misericordia. Tu misericordia te conduce a una empatía con la situación de
tu jefe. Armado de comprensión, tratas a tu jefe de un
modo distinto, ofreciéndole tu apoyo y sintiéndote cada
vez menos desanimado por la carga negativa que pueda
mostrar ante ti. Tu jefe empieza a verte con ojos distintos. Las oportunidades se presentan por sí solas.
Naturalmente, éste es un ejemplo muy simple y aparentemente fácil de llevar a cabo. Pero para vivir de este
modo día a día es necesario llevar a cabo un cambio fundamental en el corazón. Una vez hecho esto, como un
efecto dominó interminable, podemos ejercer una influencia positiva continua en la gente que nos rodea. El
catalizador para experimentar esta revolución interior es
el budismo de Nichiren, que afirmaba que cualquiera

puede obtener estos resultados y mucho más con sólo invocar Nam-myojo-rengue-kyo.

La práctica budista, establecida por Nichiren, consiste en invocar la frase Nam-myojo-rengue-kyo al Gohonzon, un pergamino de caracteres chinos y sánscritos. (Para empezar a practicar el budismo no es necesario tener un Gohonzon, pero hay millones de personas que lo tienen. Sabremos más de ello más adelante.) Se invoca Nam-myojo-rengue-kyo para alcanzar la iluminación, evidentemente, pero también puede invocarse con la intención de obtener felicidad, crecimiento personal, para mejorar la salud o para cumplir objetivos temporales, como resolver el problema profesional descrito antes. De hecho, se puede invocar para cualquier cosa.

Puede invocarse para conseguir un trabajo mejor, o para tener éxito en el que ya desempeñas. Incluso puedes invocarlo para encontrar una carrera si no la tienes ya. Puedes invocarlo para encontrar pareja, o para que te vaya mejor con el ser al que amas. También puedes invocarlo para evitar la depresión o para superar la desesperanza. De hecho, muchos budistas invocan este mantra diariamente con muchos fines, desde mejorar su propia forma de ser hasta tener un entorno más pacífico. Pero, en cada caso, el practicante budista pretende revelar su budeidad inherente, el más alto estado de vida. ¿Cómo fue que dio Nichiren con esta fórmula concreta y eficaz para hacer realidad los sueños de la vida? Al igual que el Buda Shakyamuni, anterior a él, Nichiren deseaba conducir a todas las personas a la iluminación. En muchas escuelas del budismo, la iluminación parece remota y el proceso para alcanzarla, una hazaña casi inalcanzable para el ser humano, algo que solamente podía alcanzarse tras muchas existencias de paciente esfuerzo. Las estrategias budistas tradicionales han incluido austeridades rígidas, algunas incluso contemplaban unos estrictos cambios en la dieta y el modo de vida. A lo largo de la historia, los budistas se han apartado de la vida, recluyéndose en bosques, montañas y monasterios. Pero hoy en día, la mayoría no puede renunciar al trabajo y la vida diaria para retirarse espiritualmente durante mucho tiempo, aunque sólo sea un fin de semana. Y la mayoría de la gente no puede dedicarse periódicamente a la vida monástica, a viajar a la India, por ejemplo, una o dos veces al año. En el siglo XIII, Nichiren encontró un modo de acortar el viaje.

Nichiren y el Sutra del Loto

Desde los doce años, Nichiren, hijo de un pescador, empezó a estudiar los Sutras y juró convertirse en "el hombre más sabio de todo Japón". Nació el 16 de febrero de 1222, vivió en un momento de gran agitación religiosa y política, cuando los señores feudales competían por el poder y Japón se regía por shogunes hereditarios. En el siglo XIII, Japón sufría con las plagas, la inestabilidad política, los terremotos y la amenaza inminente de las invasiones extranjeras. A los dieciséis años, Nichiren se ordenó como monje y entabló un riguroso estudio comparativo de la confusa diversidad de enseñanzas budistas, especialmente las de la secta Tendai, basadas en las enseñanzas del sabio chino T'ien-t'ai. También examinó las enseñanzas de la Tierra Pura y del Zen, que se extendieron rápidamente durante el periodo de confusión social que siguió al declive de la aristocracia imperial y el auge de la clase samurai. Las enseñanzas de la Tierra Pura se hicieron muy populares entre el público general, mientras que las Zen lo hicieron entre los samurai. Sin embargo, Nichiren entendió claramente que casi nadie conocía su naturaleza de Buda, e incluso, aunque en principio aceptaban la idea, no sabían cómo activarla en su vida cotidiana.

Aunque Nichiren reconocía el logro de T'ien-t'ai por clasificar los sutras y, concretamente, por establecer el Sutra del Loto como el supremo, él se dio cuenta que los métodos de meditación establecidos escapaban a la gente común. También notó que las vidas de los sacerdotes que vio en diversas sectas, desde los templos de Kyoto hasta los monasterios del Monte Hiei, estaban especialmente degradadas. Competían entre sí por la fama y por obtener beneficios. Al final, terminaron buscando el poder político y distanciándose de su pueblo. Por lo tanto, no es de extrañar que el budismo ya no pudiera ayudar a la gente a encontrar la felicidad en su vida diaria.

El 28 de abril de 1253, Nichiren declaró la ley Nammyojo-rengue-kyo como la única y verdadera, el gran "secreto" oculto en las profundidades del Sutra del Loto. Aparentemente, utilizaba la lectura japonesa de los caracteres del título del Sutra del Loto, *Myojo-rengue-kyo*, según la traducción del lingüista Kumarajiva, del sánscrito al chino, para expresar la idea de iluminación, añadiendo la palabra *nam*, que significa "devoción a". Desde un punto de vista más profundo, por primera vez ponía la iluminación de Shakyamuni, expresada conceptualmente en el Sutra del Loto, al alcance de todos. Se trataba de un importante avance en la historia del budismo, por no decir el inicio de una revolución de la idea de la religión en sí.

El budismo de Nichiren no exige la renuncia ni la supresión de los deseos humanos, lo cual suponía un cambio fundamental respecto de las demás escuelas, que insistían en la extinción de los deseos terrenales para alcanzar la sabiduría suprema. Nichiren afirmaba que la fuente de todo deseo es la vida misma; mientras avanza la vida, instintivamente deseamos vivir, conservar el amor, buscar beneficios, etc. Como el deseo nace de lo más profundo de la vida, es prácticamente indestructible. Hasta la sed de iluminación es un tipo de deseo. La civilización avanzó gracias a los instintos y deseos de hombres y mujeres. La búsqueda de la riqueza dio lugar al crecimiento económico. El deseo de combatir el frío del invierno llevó a desarrollar las ciencias naturales. El amor, que es un deseo humano básico, inspiró la literatura.

No sólo podemos satisfacer nuestros deseos conforme cambiamos nuestra forma de ser desde nuestro interior, sino que además los propios deseos empiezan a cambiar. Se purifican o elevan. Los deseos que tenemos nos sirven de combustible, impulsándonos hacia nuestra iluminación. Los seguidores de Nichiren oran día y noche por sus deseos personales, al mismo tiempo que oran por deseos más elevados como la iluminación individual y la paz mundial. Este proceso de revolución humana interior, es decir, la transformación de los deseos está intrínsecamente entrelazada con la reforma del entorno circundante. Los budistas trabajan afanosamente por conseguir paz y armonía en sus trabajos, familias y comunidades, a la vez que luchan tenazmente por manifestar la ley desde dentro. Nadie necesita llegar a la cima de la montaña. Pero todos los días subimos un poco. Mañana y tarde, los budistas suben la montaña de la iluminación mediante la práctica budista en sus propias casas.

Según los antiguos congresos religiosos indios, la frase Nam-myojo-rengue-kyo era descrita como un mantra, y el Gohonzon o el pergamino hacia el que se dirige la invocación de la Ley, como un mandala. Pero la práctica budista de Nichiren es cualquier cosa menos una forma pasiva de meditación; por el contrario, es una expresión dinámica de la mente y el espíritu. Los resultados pueden manifestarse de un modo sutil o espectacular. Por poner un ejemplo: en la autobiografía de Tina Turner, *Yo, Tina* (en la que se basa la película *What's Love Got to Do With It?*), describe su incapacidad para lograr la fortaleza interior que le permitiera huir de los abusos y brutalidad a los que su marido la sometió durante tanto tiempo. Se trata de una historia muy conocida, muchas veces nos encontramos en situaciones muy parecidas, donde nos sentimos totalmente atrapados. Pareciera que nada funciona: aparentemente, no hay modo de salir del sufrimiento y de las circunstancias. Pero una vez que una amistad le enseña a Tina a invocar la frase Nam-myojo-rengue-kyo, enseguida empieza a luchar contra ello. Al conquistar su falta de valor, Tina emprende el camino que le dará la libertad. Finalmente, inicia una carrera independiente llena de grandes éxitos. En aquel momento, Nam-myojo-rengue-kyo la impulsó a actuar, dándole el ímpetu necesario para mejorar su destino. Su necesidad principal no era una paz interior sino una determinación frente a las circunstancias externas. En algunas ocasiones, quienes practican el budisimo sustituyen su infinita resignación por una actitud de lucha jubilosa.

En muchas clases de meditación, puede resultar difícil discernir si estamos meditando correctamente, e incluso simplemente si estamos meditando. Nos desconcentramos con facilidad de la respiración o el mantra. La mente se distrae fácilmente con las preocupaciones, las fantasías y otros pensamientos. En cambio, la invocación de Nam-myojo-rengue-kyo sirve para centrar la mente. Se invoca con un ritmo uniforme y enérgico, aunque no tan alto como para molestar a los vecinos o darle dolor de cabeza a quienes se encuentren en la misma habitación.

Al principio puede parecer raro, pero resulta absolutamente cierto. Cualquier persona puede hacerlo. Tú mismo puedes intentarlo. Repite la frase en voz alta tres veces, tan suave o enérgicamente como desees. (Para obtener una guía sobre la pronunciación y el ritmo, véase el capítulo 8). Lo creas o no, una vez que lo intentes, ya habrás dado un paso importante en el camino hacia la iluminación.

¿Qué tiene que ver Nam-myojo-rengue-kyo?

Enseguida surge la pregunta: ¿Cómo puede repercutir en tu vida positiva o negativamente, una frase que apenas entiendes (si es que llegas a entenderla)? La analogía que a menudo utilizan los budistas es la comparación entre Nam-myojo-rengue-kyo y la leche. Los bebés se alimentan de leche materna y, más adelante, de leche de vaca, mucho antes de saber lo que significa *leche*. Las ventajas nutritivas son intrínsecas a la leche. Otro ejemplo: no necesitamos saber cómo funciona un coche para utilizarlo e ir a algún sitio. Conviene tener nociones sobre el funcionamiento de un coche, del mismo modo en que el estudio es una parte importante para llevar a cabo una práctica budista completa. Pero es importante darse cuenta de que la frase funciona ya sea que la comprendas o no, creas o no que funciona. De hecho, muchas personas empiezan a invocar Nam-myojo-rengue-kyo con la firme intención de demostrarle a los amigos que no funciona, y siempre se sorprenden al ver que si funciona. Nam-myojo-rengue-kyo funciona con todo el mundo, viejos y jóvenes, ricos y pobres, escépticos y crédulos, ignorantes y astutos, africanos y asiáticos, republicanos o demócratas o *Whig*.

Según el budismo de Nichiren, Nam-myojo-rengue-kyo es la ley del universo, al invocarla revelas la ley de tu propia vida, situándote en armonía o ritmo con el universo. La palabra *ley* se emplea aquí en su sentido científico, como la ley de la gravedad. Como la gravedad es una ley de vida, nos afecta independientemente de que entendamos o no su funcionamiento. Aunque hubieras caminado al borde de un acantilado antes de 1666, cuando Isaac Newton formuló esta ley, igual habrías sufrido sus consecuencias. Nam-myojo-rengue-kyo es también una ley de vida, afirmó Nichiren. De hecho, es *la* ley de la vida. ¿Cómo así?

Para empezar a dilucidar esta cuestión, puede resultar útil estudiar a Nam-myojo-rengue-kyo a la luz de la teoría especial de la relatividad de Einstein, expresada en la famosa ecuación $E=mc^2$. Ésta es una piedra angular de nuestra visión del cosmos. Pero ¿la comprendemos realmente? Sabemos que E es la energía y m la masa. La masa se multiplica por la velocidad de la luz al cuadrado, c^2. Aunque, en general, los lectores tengan una vaga noción de lo que significan estos términos, saben que los términos que Einstein utilizó —E, m, c— son conceptos de física y matemáticas que, aun siendo abstractos, se refieren a las realidades del tiempo, el espacio, la energía y la materia de nuestro mundo. Esto mismo es válido para cada uno de los caracteres de Nam-myojo-rengue-kyo.

Aunque el significado de $E=mc^2$ se nos escapa, hoy en día casi todo el mundo está dispuesto a admitir la validez de la ecuación de Einstein porque se ha demostrado muchas veces en el mundo real. En los comienzos de su carrera, Einstein fue ridiculizado y rechazado, y tachado de ateo chalado y "científico bolchevique". No se demostró que su teoría era correcta hasta que en 1919, se produjo un eclipse total de sol y una expedición británica en la isla de Príncipe, cerca de la costa de África occidental, pudo medir la deflexión de la luz de las estrellas en relación con los principios de la relatividad general. Desde entonces, sus teorías han sido cotejadas en el mundo físico —desde el impresionante poder de la fisión nuclear hasta los cálculos de la astronomía avanzada— y se ha descubierto que eran válidas. Básicamente, el modelo del universo de Einstein encaja.

Del mismo modo, el budismo tiene una base teórica y otra científica. Nichiren reveló la ley de la vida,

Nam-myojo-rengue-kyo, y la transmitió a sus seguidores y a las futuras generaciones con unas instrucciones implícitas: Ésta es la práctica de la ley, ahora pruébenlas con las realidades de la vida y el universo. Vean si funciona siempre, en todas las situaciones y circunstancias. Todos aquellos que invoquen Nam-myojo-rengue-kyo realizarán por lo tanto un experimento, comúnmente un experimento en curso, para determinar el poder y la eficacia de esta ley en sus propias vidas.

Pero, para obtener este resultado, debes invocarlo de verdad. Puedes leer y hablar sobre el budismo, pero al final no será más que teoría. La diferencia entre el estudio puramente teórico y la práctica budista es como la diferencia entre saber de minería y hacer fortuna. Nunca podrás conocer la profundidad de Nam-myojo-rengue-kyo hasta que lo experimentes directamente. Por establecer otra analogía, es algo así como explicar cómo es un helado de fresa a un nativo de una tierra desértica remota que nunca haya probado las fresas ni el helado. Puedes decirle que es húmedo y frío, cremoso y dulce. Pero, como sabemos, una definición verbal nunca puede bastar para expresar lo que se siente al comer un helado de fresa. En el budismo, al igual que en la vida, no hay nada que pueda sustituir la experiencia directa.

Teniendo muy presente esta advertencia, pasaremos a

definir la frase *Nam-myojo-rengue-kyo*. Tal como hemos señalado ya, esta "fórmula" se basa en el título del Sutra del Loto, la más importante de las enseñanzas de Shakyamuni. El título viene precedido de *nam*, de la palabra sánscrita *namas* (devoción a). En el ámbito del budismo, el título de un Sutra tenía mucho peso. Tal como escribió Nichiren, "Incluido en el título o *daimoku*, de Nam-myojo-rengue-kyo está todo el Sutra, que consta de ocho volúmenes, veintiocho capítulos y 69.384 caracteres, sin omitir ni uno solo". Al igual que los símbolos de la teoría especial de la relatividad de Einstein, cada uno de los caracteres de Nam-myojo-rengue-kyo significa una profunda verdad de la vida. Son los siguientes:

Myojo significa "Ley Mística" o aquella que, aun siendo cierta, no se puede explicar. Por ejemplo, ¿qué es en realidad la gravedad? ¿Por qué algunas personas nacen guapas? ¿O minusválidas? ¿Por qué mueren jóvenes algunos? Nichiren escribió:

¿Qué significa *myo*? Es, sencillamente, la naturaleza misteriosa de nuestra vida en cada momento, algo que la mente no pude comprender ni las palabras, expresar. Cuando nos fijamos en nuestra propia mente en cualquier momento, no vemos color ni formas para comprobar que existe. Y, sin embargo, no podemos decir que no exista, ya que percibimos continuamente pensamientos distintos. No puede considerarse que la mente exista o deje de existir. De hecho, la vida es una realidad difícil de aprehender, que trasciende las palabras y los conceptos de la existencia, la práctica y de la no existencia. No existe ni no existe, pero tiene las características de ambas. La máxima realidad es la entidad mística del Camino Medio. *Myo* es el nombre que recibe la naturaleza mística de la vida, y *jo*, sus manifestaciones.

Según lo explica, *myo* significa literalmente "místico", o indescriptible, la realidad última de la vida, y *jo* significa "todos los fenómenos". Si los juntamos, *myojo* indica que todos los fenómenos de la vida son la expresión de la ley.

Nichiren subraya también tres significados relacionados con el carácter *myo*.

El primer significado es "abrir", en el sentido que permite a la persona desarrollar todo su potencial como ser humano. Otro significado del carácter *myo* es "revivir". Cuando se invoca su nombre, la Ley Mística tiene poder de revitalizar la propia vida. El carácter *myo* tiene un significado más: "estar dotado". La Ley Mística nos dota de la fortuna que protege nuestra propia felicidad.

En otros escritos, Nichiren describe *myo* como la muerte y *jo*, como la vida. ¿Cómo puede tener tantos significados la palabra *myojo*? Por una sencilla razón, la escritura china, el lenguaje de la erudicción en el Japón antiguo y el idioma en que Nichiren utilizaba, a menudo, es maravillosamente descriptivo; cada carácter evocaba un contexto amplio de significados relacionados. Podría escribirse un libro entero o, al menos, un capítulo muy largo sobre la palabra *myojo*.

A continuación viene *rengue*, que significa literalmente "flor de loto", de ahí el título Sutra del Loto. El loto tiene una gran importancia en las tradiciones del budismo. En la naturaleza, la planta del loto germina y florece a la vez, lo cual simboliza la simultaneidad de la causa y el efecto.

Por el estudio del método científico, sabemos que en todos los fenómenos se encierra una causa y un efecto. Todo tiene sus causas y efectos. El Buda lo comprendió hace más de dos mil quinientos años. Pero según el budismo, la causa y el efecto tienen una resonancia mayor cuando se aplican a la vida humana. Creamos las causas mediante el pensamiento, las palabras y las acciones. Con cada causa que creamos, simultáneamente se produce un efecto en lo más profundo de la vida, y dichos efectos se manifiestan cuando se producen las circunstancias propicias. En el budismo, la flor de loto tiene un valor simbólico porque florece en ciénagas, lo cual hace referencia al surgimiento de nuestra naturaleza de Buda a partir del "lodazal" que son los deseos y problemas cotidianos. Del mismo modo, la sociedad se parece también a una ciénaga en la que aparecemos nosotros como Budas. Así pues, aunque nuestras vidas resulten difíciles y las circunstancias arduas, siempre puede florecer la flor de la budeidad.

Kyo significa "sutra" o "enseñanza". Pero también puede interpretarse como "sonido". Tradicionalmente, el Buda difundió sus enseñanzas en una forma oral en una época en la que la no se confiaba en la escritura, pues se consideraba propicia para la falsificación y la interpretación incorrecta. Se dice que "la voz hace el trabajo del Buda". En este sentido, es innegable el poder de una persona que invoca Nam-myojo-rengue-kyo. Cuando una persona invoca rítmicamente la frase fusionándose con el ritmo del universo, se puede sentir su determinación tranquila y su fuerte deseo.

En resumen, si lo unimos todo, la frase Nam-myojo-rengue-kyo podría traducirse como "Dedico mi vida a la Ley Mística de causa y efecto mediante el sonido". Pero es fundamental entender que no hace falta (ni es especialmente deseable) traducir la frase a nuestro idioma ni contemplar continuamente su significado para beneficiarse de su invocación. De hecho, aunque al inicio de la práctica puede ser difícil comprenderlo todo, lo importante es invocar por nuestros objetivos con sinceridad. Después, hay que observar lo que ocurre con la mente abierta.

Esta invocación es muy distinta de los conceptos occidentales y convencionales de la plegaria. En lugar de buscar una fuerza externa que dé la solución, el budista aúna todos sus recursos internos para solucionar el problema. La invocación de la Ley puede compararse con la preparación de un surtidor con el fin de generar la fuerza necesaria para que aflore la naturaleza de Buda desde lo más profundo de tu vida. Con la invocación se crea una promesa o una determinación. En lugar de "deseo que ocurra esto o lo otro", o "Señor, dame fuerza para hacer que ocurra esto o lo otro", la plegaria budista va más de acuerdo con la mentalidad de "haré que ocurra esto o lo otro" o "Prometo hacer los siguientes cambios en mi vida para que ocurra esto o lo otro".

Cambiar tu Karma

La mayoría de nosotros reconoce la validez de causa y efecto como una norma general de la naturaleza y la base del método científico moderno. En general, aceptamos la noción de que todas las causas tienen efectos, y que la raíz de todo cuanto sucede en la vida puede encontrarse en una serie de causas, que a su vez conducen a una serie de efectos relacionados. Si pulsas un interruptor de luz, ésta se enciende. Si llueve, cae agua del tejado. Tendemos a ver las diversas causas y efectos en términos lineales, como una cadena interminable de causas y efectos. Pero, según el budismo, la realidad de causa y efecto es mucho más sutil y compleja.

El budismo enseña que la causa y el efecto se dan, en su esencia, simultáneamente. En el momento en que se crea una causa, se registra un efecto como una semilla que se planta en las profundidades de la vida. Aunque el efecto queda plantado en el mismo instante en que se crea la causa, puede que no aparezca instantáneamente. El efecto sólo se manifiesta cuando se dan las circunstancias externas adecuadas. Por ejemplo, una bellota cae al suelo y echa raíces en la tierra. Pueden pasar décadas hasta que un pequeño roble manifieste todo el efecto de esta causa. Así que, aunque el efecto sea simultáneo, puesto que la causa del roble ya se ha producido, no se manifiesta hasta años después. Aunque el efecto último del roble estaba latente en la bellota, hubieron de pasar años de lluvia y sol para lograr las circunstancias correctas para que el árbol creciese. O, por tomar un ejemplo negativo, supongamos que alguien come alimentos con mucho colesterol durante cierto periodo. Los efectos perjudiciales, como la arteriosclerosis o las enfermedades del corazón pueden no aparecer hasta muchos años después. Los seres humanos crean infinitas causas día tras día mediante sus pensamientos, palabras y acciones, con cada causa recibimos un efecto. Pero el efecto puede no manifestarse en mucho tiempo. El budismo subdivide el concepto de causa y efecto en *causas internas, causas externas, efectos latentes y efectos manifiestos.* Tal como ha afirmado Daisaku Ikeda:

Cada actividad de la vida se produce como resultado de algún estímulo externo. Al mismo tiempo, la verdadera causa es la causa inherente al ser humano. Para dar un ejemplo muy sencillo, si alguien te pega y tú le devuelves el golpe, el primer golpe es el estímulo que lleva al segundo, pero no la causa fundamental. Puedes decir que le pegas a esa persona porque te pegó, pero en realidad le pegas porque tú eres así. La causa real estaba dentro de ti, lista para ser activada por la causa externa.

Ampliemos este ejemplo: Es posible que en los primeros años de tu vida aprendieras a enfadarte y a estar a la defensiva como una manera de protegerte ante el comportamiento de los demás. Es posible que tuvieras un hermano o hermana que fuera impetuoso contigo, y aprendistes que la única manera de conseguir lo que querías era protegerte físicamente, "defenderte tú solo". Esta actitud interior tuya, esta predisposición a devolver los golpes, es lo que hace que pegues a alguien que te pega — no el simple hecho de que te peguen. Podría decirse que era tu karma tomar represalias en esta situación.

El concepto de karma, una palabra sanscrita que en su origen significaba "acción", ha sido fundamental para la filosofía india desde la época de los Upanishads, trescientos años antes del despertar de Shakyamuni. Existen tres clases de acciones kármicas: pensamientos, palabras y acciones. Si juntas estos tres tipos de acciones o causas, que has realizado y acumulado a lo largo de tu vida, forman tu karma. En otras palabras, tu karma es el resultado de cada una de las causas que has creado en la vida (y en vidas pasadas, pero más en la última). El karma puede dividirse en líneas generales en karma bueno y karma malo, del mismo modo que las causas pueden caracterizarse como causas buenas y causas malas.

Estas categorías se aplican a los tres modos de acción kármica: pensamiento, palabra y acción. Por ejemplo, el karma bueno puede surgir de las muestras de misericordia y tolerancia así como de los estados de ánimo. El karma malo puede ser el resultado de las actitudes negativas como la codicia y la ira, y las diversas acciones concretas que fluyen de dichos estados de ánimo.

Nuestro karma es como el saldo bancario de los efectos latentes que experimentaremos cuando en nuestras vidas se den las circunstancias propicias. Las causas buenas producen efectos placenteros y beneficiosos; las causas malas provocan sufrimiento. Nuestras acciones pasadas ejercen una influencia en nuestra existencia presente, mientras que nuestras acciones presentes dan forma al futuro.

El principio del karma, según Nichiren, es totalmente preciso. No hay escape a nuestras acciones pasadas. La ley de causa y efecto impregna nuestras vidas a través de nuestras existencias pasadas, presentes y futuras. No se olvida, borra ni omite nada. Es un error pensar que podemos dejar nuestros problemas atrás y sencillamente trasladarnos, por ejemplo, a Hawai o a algún otro paraíso tropical y llevar una vida sin preocupaciones. Llevamos nuestro karma con nosotros, como una maleta, allá donde vayamos. Todo lo que ocurre en nuestra existencia queda grabado en lo más profundo de nuestra vida. ¿Acaso no tenemos más elección que aceptar y resignarnos ante los efectos del karma que hemos creado en el pasado?

No, según el budismo creamos el karma a través de nuestras propias acciones y, por lo tanto, tenemos poder para cambiarlo. Ésta es la promesa que ofrece la práctica del budismo. Aunque, en teoría, lo único que tenemos que hacer para tener éxito en la vida es crear las mejores causas posibles, en la mayoría de los casos apenas podemos controlar las causas que creamos. Tendemos a quedar atrapados en la cadena continua de causa y efecto que es nuestro karma, para bien o para mal, y actuamos en consecuencia. Pero cuando invocamos Nam-myojo-rengue-kyo, empezamos a iluminar los aspectos negativos de nuestro karma, podemos ver nuestras propias debilidades gráficamente y podemos dar los pasos necesarios para transformar nuestro destino y a nosotros mismos. Nichiren utilizaba la metáfora de un espejo para indicar este proceso de la autopercepción. Hace más de setecientos años escribió:

Uno se llama "mortal común" mientras duda, pero cuando está iluminado, se le considera un "buda". Es similar a un espejo percudido que si se lo pule y se lo lusta brilla como una gema. Una mente nublada por las ilusiones que se originan en la oscuridad fundamental de la vida es como un espejo percudido, pero, cuando se la pule, se vuelve clara como un espejo y refleja la iluminación de la verdad inmutable. Haga brotar una fe profunda día y noche con ahinco y esmero. ¿Cómo hacerlo? Sólo invocando Nam-myojo-rengue-kyo, pues en la invocación está, en sí, el acto de pulir.

En cuanto a la ley de la causalidad, Nichiren afirmaba que invocar Nam-myojo-rengue-kyo era la mejor causa que podía hacer una persona. Esto no significa que una persona que se enfrente a un problema grave deba quedarse necesariamente en casa a invocar todo el día. Eso es escapismo. En cambio, lo primero que habría que hacer es invocar la Ley Mística para adquirir la sabiduría necesaria para enfrentarse al problema, luego salir y emprender una acción con decisión. En la clara luz de la iluminación, no sólo llegamos a comprendernos a nosotros mismos, sino que además podemos cambiarnos y alcanzar el plano de existencia más alto que se pueda imaginar.

Por ultimo, invocamos Nam-myojo-rengue-kyo para revelar nuestra budeidad, la que nos permite percibir y comprender la ley del universo mientras que, al mismo tiempo, ejercemos la sabiduría para utilizar esta ley. Ten esto presente, pues del mismo modo que la bellota contiene la semilla de un pequeño roble, la semilla de la iluminación está dentro de ti. Tal como ha escrito Daisaku Ikeda: "Cuando invocas Nam-myojo-rengue-kyo, extraes tu naturaleza Buda. Por lo tanto, tú mismo eres un Buda".

La puesta a prueba de tu iluminación

El promedio de las personas comunes, envueltas en las preocupaciones de la vida diaria, no suelen aspirar al noble y feliz estado de la budeidad, o al menos no lo hacen de un modo constante. Si tienes problemas para pagar el alquiler y alimentar a tu familia, resulta bastante difícil deambular pensando en alcanzar la iluminación. Así que no es descabellado invocar la Ley Mística (Nam-myojo-rengue-kyo) para las necesidades materiales y emocionales básicas con el fin de establecer una base firme desde la cual podemos aspirar a cosas más elevadas, incluida la budeidad. La práctica del budismo de Nichiren ofrece en un principio ventajas claras y prácticas, empezando por un espíritu positivo que surge de muy adentro: el reto esperanzado en lugar de la derrota resignada. Esto, a su vez, conduce a la sabiduría y a la acción constructiva para transformar cualquier situación negativa a la que tengas que hacer frente.

Para empezar a practicar, trata de invocar Nam-myojo-rengue-kyo durante, por ejemplo, cinco minutos por la mañana y por la noche cada día. Reserva el tiempo necesario y busca un lugar tranquilo donde no molestes a nadie. Puede ser un dormitorio o un cuarto de estar. Incluso puede hacerse en un automóvil (pero mejor que no sea en el tráfico de camino al trabajo). Siéntate recto, respira tranquilamente. No te desanimes si te sientes un poco aburrido. No hace falta pensar en nada en concreto ni pensar en el significado de la frase. Trata de invocar rítmicamente.

Si lo deseas, puedes invocar mucho más de cinco minutos. En momentos de crisis personal, cuando un familiar o la persona amada tiene una grave enfermedad, los budistas a veces invocan durante varias horas seguidas, parando sólo para beber un trago de agua o atender otras necesidades. Puedes invocar la Ley Mística tan a menudo como quieras y para contentar a tu corazón. Lo importante es ser constante. La disciplina de invocar mañana y noche trae un ritmo nuevo y fresco a la existencia que tiene, de por sí, un efecto saludable.

Aumentar la esperanza, mejorar una relación, estar más motivado... éstos son algunos de los muchos efectos espirituales y emocionales beneficiosos que las personas han notado al iniciar la práctica budista. Además, a los principiantes suele motivarles invocar para alcanzar objetivos específicos y para centrarse en la consecución de un objetivo claro y concreto. Por ejemplo, si eres un vendedor, puedes orar para conseguir una comisión mayor, o superarla. Si eres músico, puedes orar para dominar una pieza especialmente difícil. Estas metas son muy específicas. De un modo más general, es posible que desees escribir poemas u obras teatrales, pero te hayas visto forzado a realizar un trabajo que no tenga nada que ver con tu sueño. En este caso, tu sueño puede ser dar pequeños pasos que te hagan avanzar trabajando durante tu tiempo libre para alcanzar tu objetivo artístico. Adquiriendo ventajas tangibles mediante la invocación de la Ley Mística, el budista principiante descubrirá cómo cambia todo su marco de referencia. Los sueños imposibles se convierten en objetivos muy reales.

Conforme los principiantes van adquiriendo experiencia, descubren que no sólo solucionan sus problemas básicos, sino que además experimentan profundos cambios. Algunos de los muchos resultados que cabe esperar cuando se sigue la práctica budista son:

- *Sabiduría:* la capacidad para obtener el valor óptimo de los conocimientos que se tienen.

- *La comprensión de la eternidad de la vida:* Cuando practicamos y observamos cómo funciona la ley de causa y efecto, empezamos a ver la vida como una serie de causas y efectos que se extienden desde el pasado hasta el futuro, en lugar de como una existencia vivida momento tras momento.

- *Persistencia y tolerancia:* la capacidad para afrontar las circunstancias y cultivar la paciencia y la resistencia para trabajar de un modo positivo con los obstáculos que van apareciendo.

- *Serenidad:* Calma en medio de las turbulencias dinámicas de la vida.

- *Sentimientos de misericordia:* Un mayor sentimiento de misericordia y la capacidad de empatía con la gente.

- *Iluminación:* Un estado en el que está presente la sabiduría, donde todas las acciones reflejan la naturaleza subyacente del Buda de cada uno, un estado de perfecta libertad, purificado con la ilusión y rebosante de misericordia.

Roma no se construyó en un día. Y, sencillamente, no es posible solucionar todos tus problemas el primer día que invocas. El karma acumulado durante toda una vida [al menos], como el óxido, se debe cepillar cuidadosamente para eliminarlo, día tras día. Pero es raro que la gente que invoca la Ley Mística con cierta sinceridad y constancia, no note ningún síntoma o beneficio: un gran avance en el trabajo, una llamada telefónica puntual de un amigo del que hace tiempo que no sabes nada, un ingreso de dinero imprevisto, o sencillamente darte cuenta que están sonriendo más y que los demás les responden de un modo distinto. Cada vez que recibimos ventajas a partir de la invocación de la Ley Mística, nos sentimos animados para seguir. Y cuando empezamos a recibir la prueba tangible del poder de la práctica budista, llegamos a compartir de un modo natural nuestras experiencias con los demás. Compartir con otras personas es otro modo de extraer nuestro potencial interior de iluminación o budeidad. Al final, nos vemos a nosotros mismos invocando la Ley Mística con entusiasmo por la felicidad de amigos, familia y compañeros de trabajo, ya que el darse cuenta de que el yo individual está conectado con todos los demás, y de que nuestra felicidad está vinculada con la felicidad general de la sociedad en la que vivimos forma parte del proceso de la iluminación.

Tal como escribió el poeta John Donne: "Ningún

hombre es una isla". En lo más profundo de la vida, todos formamos parte de la misma fuerza de vida cósmica. Por lo tanto, es fundamental que practiquemos por nuestro bien y por el de los demás. Tal como veremos en el próximo capítulo, el budismo enseña que nuestra vida está estrechamente ligada a la vida de nuestros amigos, nuestro entorno físico, nuestro mundo, e incluso el universo.

EL YO
Y EL
ENTORNO

Si deseas cambiar la sociedad,
empieza por cambiar tú mismo.

—Thomas Carlyle

Una gran revolución humana en un solo
individuo ayudará a provocar un cambio
en el destino de toda la humanidad.

—Daisaku Ikeda

E N UNA CLASICA SECUENCIA de la película *Cantando bajo la lluvia*, Gene Kelly va por la calle bailando bajo una lluvia torrencial, saltando y dando vueltas jovialmente alrededor de los postes de las farolas, feliz a pesar del mal tiempo. Esta película ha entusiasmado a gente de todas las edades durante décadas porque hace sonreír y además muestra la verdad subyacente que a menudo ignoramos en la realidad cotidiana de la vida: Aunque afuera en el mundo esté soleado o nublado, lo que realmente importa es cómo nos sentimos por dentro.

Una persona iluminada es la que puede hacerle frente a un huracán de obstáculos con sabiduría y aplomo. Esta imagen de la satisfacción interior entre la confusión exterior es perfecta para presentar el concepto budista de la unidad del sujeto y su entorno.

A título práctico, tendemos a considerar nuestra piel como la frontera que define el límite entre nuestros cuerpos y el mundo exterior. Para nosotros, la interacción entre estos dos reinos distintos se limita a la ingestión, la respiración y las irritaciones ocasionales de la realidad. Según la filosofía budista nuestras vidas se ven como una parte inextricable de nuestro entorno físico, unidas en lo más profundo con otras personas y con la gran fuerza de vida cósmica del universo.

Para demostrar que esta gran idea puede tener cierta validez, tomaremos un ejemplo muy básico. Todo el mundo sabe que la fuerza gravitatoria de la tierra actúa sobre todos los seres vivos. Supongamos que lanzas una pelota al aire. La trayectoria de la pelota se ve respaldada por diversos mecanismos que se producen dentro de la propia pelota (densidad de la goma, etc.), la fuerza de tu brazo y la resistencia ejercida por la gravitación de la tierra. Pero lo que probablemente sea menos obvio es que el vuelo de la pelota también se ve influenciada sutilmente por otros objetos cosmicos del universo. No sólo la tierra sino también la luna, el sol y las estrellas actúan sobre la pelota. La influencia remota de estos cuerpos celestes es como un mensaje procedente de las fronteras exteriores del cosmos. Resulta asombroso que un cuerpo celestial que se encuentra a años luz de nuestro planeta influya en la vida terrestre. Pero es cierto. Por tomar un ejemplo más cercano (a tan sólo 93 millones de

millas): Si la temperatura de la superficie de nuestra propia estrella, el sol, aumentara simplemente en unos grados, aquí en la Tierra, los efectos serían catastróficos,
desde el deshielo polar que cambiaría el clima hasta los
rayos ultravioletas mortales que nos obligarían a todos a
vivir encerrados.

En todo el denominado mundo exterior hay innumerables hilos invisibles entretejidos que unen al individuo
con el macrocosmos. El porcentaje de iones que hay en
el aire, incluso el color de una habitación, pueden influir sutilmente en nuestras emociones. Nuestro propio
comportamiento ejerce un impacto innegable en la gente que nos rodea. Y la sociedad humana tiene un impacto innegable en el entorno natural. No somos distintos
del mundo en que vivimos, sino que estamos implica-
dos en la interacción dinámica que hay en él. El budismo llega incluso más lejos. Según la filosofía de vida
expuesta por Shakyamuni, iluminada por T'ien-t'ai, y per-
feccionada por Nichiren en el siglo XIII en Japón, el entorno y las circunstancias de cada uno se reflejan
realmente en su vida interior. Todos estos pensadores se
dieron cuenta de que el mundo no podía divorciarse de
la percepción que tenemos de él. En este sentido, se
adelantaron al trabajo de los físicos del siglo XX como
Albert Einstein, Niels Bohr y Werner Heisenberg. La

persona que eres determina considerablemente la cali-
dad de tu entorno. Este concepto no es muy fácil de
aceptar, porque va contra nuestro prejuicio arraigado de
culpar de nuestros problemas a las circunstancias. Es
especialmente difícil guiarnos en la vida ya que en Occidente hemos logrado dominar nuestro entorno y alcanzar un alto nivel de bienestar material viendo a la persona
y a la naturaleza como esencialmente distintas.

Sin embargo, según el budismo, esta indisolubilidad
de la persona y su entorno es una visión de la realidad
que todo lo abarca. Tal como escribió Nichiren en una
carta a un seguidor:

> La esencia de los Sutras predicados antes que el Su-
> tra del Loto es que todos los fenómenos surgen de la
> mente. Para ilustrarlo, dicen que la mente es como
> una tierra grande, donde la hierba y los árboles serían
> todos los fenómenos. Pero no ocurre así con el Su-
> tra del Loto. Enseña que la mente es en sí la gran
> tierra, y que la gran tierra en sí son la hierba y los ár-
> boles.

Esto no significa que la vida sea un sueño, sino que
sugiere que no hay ninguna diferencia sustancial entre
mente y materia.

Si tuviéramos que aplicar estas nociones al ámbito de las relaciones humanas, nos daría determinadas pistas. Empezaríamos a darnos cuenta de que la vida de quienes están en nuestro entorno inmediato tienden a reflejar nuestra vida interior. Generalmente, si una persona encuentra a otra hostil, suele ser porque es ella la que provoca esa reacción de un modo u otro. Del mismo modo, si esa persona se vuelve más amigable, la gente que tiene alrededor empezará a reaccionar de un modo distinto. Una persona excepcionalmente amable y de buen corazón tenderá a creer que los demás son iguales. A una persona invadida por ansias de poder, hasta las acciones más benévolas y desinteresadas de los demás les parecerán jugadas maliciosas para adquirir poder. Cuando valoramos a los demás con la misma reverencia profunda que le haríamos al Buda, su naturaleza de buda funciona para protegernos. Por otra parte, si menospreciamos o vemos a los demás con desprecio, también nos menospreciarán ellos, como si nuestra propia imagen se viese reflejada en un espejo. Aunque a veces nos resulte difícil creerlo, una sonrisa y unas palabras amables pueden hacer casi milagros reduciendo la hostilidad en muchas situaciones. Hay quienes pueden entrar en una habitación e iluminar inmediatamente las cosas levantando el ánimo de todos los presentes. Estas son ilustraciones de lo que el budismo llama el principio de la unidad entre la vida y su entorno.

La unidad de la vida y su entorno

Merece la pena examinar detenidamente el principio de la unidad de la vida (o el sujeto) y su entorno. El término japonés que designa este principio es *esho funi*. La primera palabra es una contracción de *eho* (entorno) y *shoho* (sujeto o yo). La segunda palabra, *funi*, significa "dos pero no dos". La vida y su entorno o, en otras palabras, los objetos animados e inanimados, suelen considerarse como entidades distintas ("dos"). Así es como se nos muestran, y así es como las percibimos. Pero en otro nivel, "no son dos". Las investigaciones desarrolladas en las Ciencias Naturales han demostrado la compleja interacción de los organismos vivos y su entorno. La cadena de causa y efecto que rodea incluso a los fenómenos sencillos, así como una gota de lluvia que nos cae en la mejilla, puede resultar muy complicada. El tiempo, la ecología y el cerebro son ejemplos de sistemas complejos que no pueden entenderse completamente mediante el análisis matemático o simulaciones. ¿Por qué la ciencia no puede tener en cuenta adecuadamente estos sucesos naturales? Una de las razones es que estos fenómenos, muy pequeños e imperceptibles, pueden producir cambios tremendos: se trata del denominado efecto mariposa.

El nombre del efecto mariposa tiene su origen en esta situación: Supongamos que una mariposa agita sus alas en la espesura de la selva amazónica tropical. Esta acción insignificante se convierte en el punto de partida de una cadena de sucesos aparentemente infinita: una hoja cae de un árbol y produce una onda en un charco, una ola agita el viento, y al final se produce un cambio meteorológico en un lugar lejano de la tierra. Pero aunque la misma mariposa agite sus alas al día siguiente, puede que no tenga absolutamente ningún efecto en el tiempo. Esta incertidumbre es uno de los aspectos distintivos de las "Ciencias de la Complejidad", que han surgido en los últimos años como un desafío de la ciencia analítica.

El efecto mariposa también puede extenderse a la esfera interpersonal con un poco de imaginación. Una ceja levantada o una mirada inadecuada pueden tener consecuencias muy diversas, para la carrera de una persona en una reunión de negocios, si lo observa la persona equivocada. Un gesto sutil en presencia de la persona amada, quizás el suspiro más inocente o el encoger los hombros impacientemente, pueden cambiar el curso de una relación.

Las mediciones y métodos cada vez más sofisticados de la ciencia moderna demuestran los sutiles lazos que existen entre acontecimientos de naturaleza aparentemente dispares y, por ende, de la interconexión de todas las cosas, y esto ha ido cambiando nuestra visión del mundo. De hecho, el antiguo concepto budista del yo y el entorno como "dos pero no dos" se está aceptando gradualmente en el mundo occidental. Tal como lo afirma el historiador inglés Arnold Toynbee en un diálogo publicado con Daisaku Ikeda:

La distinción mental entre un ser vivo y su entorno no tendría, en mi opinión, parangón en la realidad... *Esho funi* parece una explicación concisa de lo que, supongo, es la verdadera condición. El intento egoísta de un ser vivo de organizar el universo alrededor de sí mismo es la condición y la expresión de la vitalidad... El altruismo o el amor representa un intento de invertir el esfuerzo natural que hace un ser vivo para organizar el universo que le rodea. El amor es el intento contrario que realiza el ser vivo para consagrarse al universo en lugar de explotarlo.

Nadie existe aislado. Estamos conectados a nuestros padres, que nos concibieron y educaron; a los profesores, que nos educaron y orientaron; a nuestros amigos, que nos animaron. También estamos conectados a personas a las que no conocemos y que cosechan y distribuyen nuestra comida, fabrican nuestra ropa, escriben los libros que forjan nuestro pensamiento. De hecho, estamos conectados con todos aquellos cuyos esfuerzos contribuyen a mantener unido el tejido de la sociedad. No existe nadie en el mundo que no esté conectado con nosotros. El dramaturgo John Guare llevó al teatro esta noción con *Seis grados de separación*, donde un personaje teoriza que cada persona puede estar unida a todas las demás del planeta trazando sus relaciones a través de no más de seis personas distintas. Nuestro "yo" engloba a todas las demás personas. Desde una perspectiva más amplia, todos estamos conectados con todos los demás a través del hecho de que todos participan en la misma realidad suprema de la vida, la natureleza de Buda.

Aunque el mundo interior de la propia personalidad y el mundo exterior de la realidad parecen distintos, al final no son dos sino uno: no sólo están estrechamente interconectados ni dependen mutuamente uno del otro, sino que son indisolubles. En el budismo llamamos a esta unidad "el verdadero aspecto de todos los fenómenos", la verdad suprema o nuestra naturaleza de Buda. Nichiren también la llamó la Ley Mística, que se expresa a como Nam-myojo-rengue-kyo. La relación entre el yo y la verdad suprema se define como "mística" porque va más allá de nuestra comprensión intelectual. Pero eso no significa que no podamos imaginárnosla, hablar sobre ella y probar su valor en nuestras vidas. Además, aunque sea mística, no debemos perder de vista el hecho de que es el marco de una visión de la humanidad y el universo, que la ciencia confirma cada vez más.

La liberación de los sufrimientos del nacimiento y la muerte

Lee el siguiente pasaje de una de las cartas más famosas de Nichiren, titulada "El logro de la budeidad en esta existencia", escrita durante lo que en Occidente sería la Edad Media (1255), y observa si no te sorprende por su modernidad:

Si deseas liberarte de los sufrimientos del nacimiento y de la muerte que has venido sorportando a lo largo de la eternidad y lograr la iluminación suprema en esta existencia, debes percibir la verdad mística que siempre ha existido dentro de su vida. Esta verdad es Myojo-rengue-kyo. por ende, invocar Myojo-rengue-kyo [véase la siguiente nota del editor] te permitirá captar la verdad mística en tu interior.

El Sutra del Loto es el rey de los sutras, intachable en sus principios y en sus palabras. Sus palabras son la realidad de la vida, y esta realidad es la Ley Mística (*myojo*). Se la denomina así porque explica el principio de la relación de inclusión mutua que existe entre la vida y todos los fenómenos. Por tal razón, este sutra es la sabiduría de todos los budas.

La vida a cada momento abarca el cuerpo y la mente y el yo y el entorno, de todos los seres animados de los Diez Mundos, así como todos los seres inanimados de los tres mil reinos, incluidas las plantas, el cielo, la tierra, hasta la más diminuta particula de polvo. La vida en cada momento impregna el universo y se revela en todos los fenómenos. Despertar a este principio es en sí la relación mutuamente inclusiva de la vida en cada momento y en todos los fenómenos. No obstante, aunque invoques y creas en Myojo-rengue-kyo, si crees que la Ley está fuera de ti, no estás abrazando la Ley Mística sino una enseñanza inferior... Por lo tanto, cuando la invocas... debes sentir la profunda convicción que Myojo-rengue-kyo es tu vida misma.

[Nota del editor: Aquí, Nichiren decide omitir el carácter *Nam*, que significa "devoción a", para mencionar el título literal del Sutra del Loto, *Myojo-rengue-kyo*. Sin embargo, la carta concluye con la frase Nam-myojo-rengue-kyo escrita dos veces, para indicar que ésta es la invocación correcta.]

Para Nichiren, "liberarse del sufrimiento del nacimiento y de la muerte" significaba trascender las leyes de la descomposición y decadencia, definidas anteriormente como la teoría de la "no sustancialidad". Nada es para siempre. La solidez y la sustancia de la vida son una ilusión. La física de las partículas nos enseña que a un nivel subatómico no podemos hablar de materia fija o sólida, sino simplemente de unos modelos u ondas de energía en constante cambio. Según nos dicen los físicos, la materia no se compone simplemente de átomos, con sus electrones, protones y neutrones aparentemente discretos, sino de unas unidades más pequeñas y misteriosas de materia que se mueven a gran velocidad denominadas leptones, quarks, bosones, fuerzas débiles y fuerzas oscuras. El mundo de la mecánica cuántica es tan inestable y fugaz que por mucho que lo intenten, a los físicos les cuesta mucho establecer cuáles son las piezas más básicas. Para lograrlo, haría falta un punto de referencia fijo, y eso es exactamente lo que la realidad se niega a ofrecer a un nivel subatómico. El filósofo científico Jacob Bronowski escribió en *El ascenso del hombre*:

La gracia que les hacían a los profesores era que los lunes, miércoles y viernes, el electrón se comportaba como una partícula, y los martes, jueves y sábados, como una onda. ¿Cómo pueden conjugarse estos dos aspectos, tomados del mundo a gran escala y llevados a una única entidad, en este mundo liliputiense de *Los viajes de Gulliver* que es el interior del átomo?

Volvamos ahora a las palabras de Nichiren: *tienes que llegar a sentir la profunda convicción de que Myojo-renguekyo es tu propia vida*. "Tu propia vida" podría interpretarse como la propia materia de la que estás hecho: las "ondas" entre las partículas, la vibración que caracteriza a las partículas, la energía de los intersticios que hay entre ellas, las propias partículas, tal como son. Por lo tanto, Nichiren, además de darnos una idea maravillosa sobre lo que debemos pensar cuando invocamos la Ley Mística, nos está demostrando que este sonido que emitimos cuando invocamos Nam-myojo-rengue-kyo es, en realidad, el ritmo del universo. Cuando la invocamos, estamos vibrando al son universal, con armonía subyacente que forma parte de todas las cosas.

Tal como hemos visto, el budismo, al igual que la física, enseña que todo está en constante movimiento. Pero lo hace con un objetivo muy distinto. En lugar de esforzarse por clarificar la naturaleza del mundo físico (lo que está haciendo simultáneamente), el budismo trata de iluminar la condición humana. Para Nichiren, "liberarse" no sólo significaba una salida de los fenómenos cambiantes, sino el descubrimiento de un punto absoluto de dependencia en nosotros mismos. Esto nos libera de las cadenas del karma, como resultado de la manifestación de la sabiduría de Buda, para percibir la verdadera naturaleza de todos los fenómenos, incluida nuestra relación con ellos.

Dado que el individuo y su entorno son básicamente uno solo, el estado de vida en que nos encontremos se manifestará a su vez en el entorno. Esto es lo que quería decir Nichiren cuando escribió en otro tiempo: "El entorno es como una sombra, y la vida, el cuerpo". Si el cuerpo flaquea, el entorno también lo hará. Si el cuerpo muestra respeto, el entorno también respetará. Una

persona cuya tendencia vital básica es el odio y la hostilidad atraerá angustia y miseria en su entorno, mientras
que alguien con un estado de budeidad básico disfruta-
rá de protección y apoyo en el mundo. Cuando Nichiren afirmaba que no hay que "pensar que la Ley está
fuera de ti", quería decir que no hay que buscar la fuente de los propios sifrimientos y sus soluciones en el entorno. Algunos ejemplos de la búsqueda de la Ley fuera
de nosotros mismos son: el compararnos constantemente con los demás, ya sea evaluarnos negativa o positiva-
mente, o pensar que los demás son los responsables de
nuestra felicidad o que no podemos ser felices hasta que
cambie otra persona, o que nuestro saldo bancario debe
aumentar para sentir que merecemos la pena. Al igual
que la reciente filosofía trascendental estaunidense de
Emerson y Thoreau, el pensamiento budista está sólida-
mente basado en la independencia.

El poder de responsabilizarse

Entonces, si nuestro entorno refleja de verdad nuestras
vidas (y lo hace) ¿es todo culpa nuestra? ¿No es sencillamente culpar a la víctima?

La cuestión es que, tal como reconoce el budismo, es
natural tener problemas. Estar vivo es hacer frente a los

problemas: el problema de alimentarnos y los retortijones de sufrimiento que nos dan cuando tenemos hambre, el problema de vivir seguros en una sociedad violenta, el problema de educar a los niños para que sean felices y se den cuenta, y tantos y tantos más. Estos problemas no son culpa nuestra, sencillamente forman parte de lo que significa estar vivo.

Asimismo, aunque no somos responsables del comportamiento de los demás —eso es responsabilidad suya— debemos ser responsables de nuestro propio comportamiento. Esto supone aceptar la responsabilidad de encontrarnos en las circunstancias en las que nos encontremos, por muy difíciles y arbitrarias que parezcan dichas circunstancias.

Quizás no entendamos bien al principio por qué somos pobres, tercos o terriblemente tímidos. Sin embargo, el budismo explica que, cuando lo vemos desde la perspectiva de la eternidad de la vida y la infinidad de causas buenas y malas que hemos provocado, nos damos cuenta de que, en realidad, en su momento creamos las causas para estar donde estamos y ser quienes somos en esta vida. Es, sin lugar a dudas, el resultado de nuestras propias acciones a lo largo de muchas vidas. Todos nosotros somos, en última instancia, responsables de todo cuanto ocurre en nuestras vidas.

Somos los arquitectos de nuestra existencia y, de hecho, nuestro entorno refleja con precisión lo que hemos construido. El budismo implica un sentido radical de la responsabilidad y capacita al individuo para provocar el cambio. Si somos infelices en nuestras circunstancias, tenemos la capacidad para hacer algo al respecto.

La idea de ser responsables de nuestras vidas se ha puesto de moda en la sociedad estaunidense, probablemente porque muchos de nosotros, y sobre todo los personajes públicos, hemos eludido esta idea durante mucho tiempo. Pero el tipo de responsabilidad del que hablamos aquí es extremo. La visión budista de la vida nos pide que aceptemos una responsabilidad total y absoluta sobre nuestras vidas.

Puede resultar difícil imaginar que uno es responsable de algo como tener un jefe horrible. Pero, ¿acaso no fuiste tú quien eligió su trabajo y quien decidió quedarse en la empresa durante todo este tiempo? No fuiste tú quien hizo que tu jefe fuera malo. No es tu culpa que tu jefe sea malo. Pero eres responsable de estar y quedarte ahí. Además, la mayoría de los jefes, por muy exigentes y arrogantes que sean, suelen tener unos cuantos favoritos, empleados que hacen lo que quieren y se llevan con ellos bastante bien. ¿Por qué no eres tú uno de ellos? ¿Has decidido no serlo, por algo que no sea altruismo o por cualquier otro motivo? Sea cual sea la razón, ésa fue tu elección. De hecho, cuanto más minuciosamente examinamos cualquier situación de la vida con el ojo budista de la claridad y la sabiduría, más nos damos cuenta de que somos responsables de todas nuestras elecciones y, por lo tanto, de nuestra experiencia con nuestro entorno, para bien o para mal.

Sin embargo, es posible que pienses que este comentario es totalmente absurdo. ¿Cómo puede el individuo considerarse responsable, por ejemplo, de un terremoto?, ¿o de un accidente de avión?

Apenas pueden encontrarse paradigmas de este tipo de pensamiento fuera del mundo budista, pero a veces los hay. Por ejemplo, la película *Rain Man*, ganadora de un Premio de la Academia. En esta película, recordarán, el personaje que interpreta Dustin Hoffman, Raymond, ese chico que andaba arrastrando los pies y hablaba entre dientes, cuyo hermano no podía pronunciar correctamente su nombre (de ahí "Rain Man") es profundamente autista. Ha pasado la mayor parte de su vida en una institución mental pero está increíblemente dotado para las matemáticas. Su hermano pequeño, Charlie, interpretado por el actor Tom Cruise, trata de llevarle a California en un tiempo limitado, lo cual provoca complicaciones. En un momento dado, en el aeropuerto,

Charlie trata de elegir un vuelo a Los Ángeles. Después de elegir uno, un vuelo de American Airlines, Raymond se opone. ¿Por qué? Porque la American ha tenido varios accidentes aéreos trágicos en las últimas décadas. Frustrado, Charlie propone Continental Airlines. Raymond vuelve a rebuscar en su memoria y le espeta una serie de números que detallan a los pasajeros muertos o heridos en accidentes de Continental Airlines. Al final, Charlie levanta las manos frustrado y pregunta: "¿Con qué compañía quieres viajar?"

Y responde: "Qantas".

Qantas, la compañía nacional australiana, nunca ha sufrido un accidente mortal. Evidentemente, Qantas no tiene vuelos nacionales en los Estados Unidos, así que no pueden elegirla. Al final, alquilan un coche.

Tras el absurdo cómico de la escena hay una idea contundente: Cuando vuelas, debes ser responsable de la suerte de que el avión se caiga, aunque sea una posibilidad mínima. Todos los que viajan en un avión comercial asumen cierto riesgo. Es un riesgo pequeño, mucho menor que conducir un automóvil, pero está ahí. El budismo no te culpa de ir a bordo de un avión cuando se accidenta, pero exige que asumas la responsabilidad. Después de todo, tú elegiste tomar ese vuelo y embarcarte en ese avión, e incluso volar.

Seguramente, no se puede culpar a nadie de estar atrapado en un terremoto. Pero puedes hacerte razonablemente esta pregunta: ¿Conocías la historia sísmica del lugar donde vivías o que estabas visitando? La gente que vive cerca de la falla de San Andrés (la población de Los Ángeles y San Francisco, por ejemplo) debería estar consciente de que tienen cierta responsabilidad al establecerse en una de las zonas reconocidas como de las más inestables del mundo, del mismo modo que la gente que construye sus casas en tierras que quedan anegadas durante las crecidas de un río tienen que vivir con el riesgo de inundaciones durante la estación lluviosa.

Según el budismo, en la vida no hay accidentes ni casualidades. Sólo existe la ley férrea de causa y efecto o, por decirlo con más precisión, Nam-myojo-rengue-kyo. Cuando adoptas el punto de vista budista, cuando interiorizas profundamente esta ley en tu vida, empiezas a adquirir un gran poder sobre ti mismo y sobre tu relación con el mundo exterior.

El objetivo de lograr la budeidad

Dicho todo esto, cabe plantearse una pregunta: Toda esta teoría está muy bien pero, ¿cómo se supone que debo reflejarla en mi vida diaria? Ciertamente, no basta con mirar el mundo de un modo distinto de vez en cuando, ni con tomar alguna decisión meditada e intelectual de que la inseparabilidad del sujeto y su entorno es el modo correcto de pensar. Según el budismo que estamos comentando, "el pensamiento correcto" sin una práctica diligente, al final, sólo se convierte en idealismo. Afortunadamente, aunque la teoría que hay tras la invocación de Nam-myojo-rengue-kyo es profunda, la práctica básica en sí es sencilla. Independientemente de que sepas o no lo que significa Nam-myojo-rengue-kyo, o "la relación que incluye mutuamente la vida y todos los fenómenos", o cualquier otro término de este libro, puedes conseguir grandes beneficios invocando esta sencilla frase, del mismo modo que puedes encender el ordenador con sólo pulsar un botón aun sin saber realmente cómo funciona.

La finalidad de la práctica budista no es "comprender" la verdad como un objeto externo a nosotros sino en convertirnos en parte de esa verdad. Según la terminología técnica budista, esto se denomina la fusión de la realidad o el objeto y la sabiduría o el sujeto. Tal como hemos indicado, la meditación budista tradicional pretende trascender la barrera sujeto-objeto y darse cuenta de la unión perfecta que existe entre uno mismo y la realidad exterior. En relación con este principio, Nichiren escribió:

¿No significan el Sutra y su comentario que el camino hacia la budeidad se basa en los dos elementos de la realidad y la sabiduría? Realidad significa la verdadera naturaleza de todos los fenómenos, y sabiduría significa la iluminación y la manifestación de esta verdadera naturaleza. Así pues, cuando el cauce de la realidad es infinitamente ancho y profundo, el agua de la sabiduría fluye sin cesar. Cuando esta realidad y esta sabiduría se funden, uno alcanza la budeidad en su forma presente.

El Buda se da cuenta de la identidad perfecta de uno mismo y la Ley o realidad suprema. Suena elemental, sobre todo si se cree, intelectualmente, en la unidad esencial de los humanos y su universo, tal como se describe anteriormente. Acaso, ¿no somos todos budas? El hecho de que tengamos una naturaleza de Buda interior no significa que seamos realmente budas. Sólo descubrimos esta naturaleza de Buda cuando nuestra sabiduría subjetiva se funde completamente con la realidad objetiva. Con el fin de hacer esto posible para todos, Nichiren corporificó su propia iluminación en un objeto de devoción denominado Gohonzon, un pergamino con las palabras Nam-myojo-rengue-kyo escritas con los caracteres centrales en negrita.

Hoy en día, el Gohonzon es el objeto, mientras que nuestra práctica al Gohonzon corresponde al sujeto, o la sabiduría subjetiva. Cuando invocamos Nam-myojo-rengue-kyo al Gohonzon, la dicotomía sujeto-objeto se disuelve, permitiéndonos fundirnos con el macrocosmos. En ese momento, manifestamos el estado de budeidad.

¿Cómo se produce esta fusión? El término *Nam* de nam-myojo-rengue-kyo indica "devoción" o nuestra práctica de invocar al Gohonzon. Mediante la práctica diaria, nos entregamos o fundimos con la realidad suprema e inmutable que se encierra en el Gohonzon. Como resultado de nuestros esfuerzos, sacamos una sabiduría infinita que funciona de acuerdo con nuestras circunstancias cambiantes. Esta ultima es la sabiduría mediante la cual los seres humanos podemos experimentar una alegría y una libertad ilimitadas, a pesar de las incertidumbres de la vida diaria.

Una vez que hayas invocado la Ley Mística, por ejemplo, es posible que la gente capte tu atención de un modo renovado. Las relaciones complejas parecerán más sencillas, quizás por primera vez. Cuando vayas a la oficina, podrás ver las políticas complejas y las intrigas de fondo. Incluso te darás cuenta enseguida de que, detrás del comportamiento arbitrario y vanidoso de tu jefe, se esconde una persona insegura que trata de gustar a los demás. En casa, los atolladeros emocionales de siempre también cederán y adoptarás nuevos puntos de vista. Todas estas percepciones nuevas y sutiles son el resultado de contemplar el mundo con los ojos de la sabiduría. El abismo que suele existir entre la realidad objetiva y nuestra sabiduría subjetiva se cierra. Para la mayoría de nosotros, los problemas de la vida se derivan de una profunda diferencia entre la realidad y la valoración subjetiva que hacemos de ella. Ahora, posiblemente por primera vez en mucho tiempo, puedes utilizar esta sabiduría, esta visión general increíble de las situaciones complejas, con el fin de llevar a cabo la acción compasiva necesaria para solucionar los problemas.

La práctica por uno mismo y por los demás

Dado que nuestras vidas son inseparables de la vida del universo, y dado que nosotros como individuos estamos conectados con todos los demás en la Tierra, debemos hacernos responsables de la felicidad de las personas que amamos y de nuestros amigos. Tal como dice el dicho, cuando la casa de tu vecino está ardiendo, tu propiedad está en juego. Esta percepción da lugar a lo que el budismo denomina el camino del bodhisattva. Un bodhisattva es aquél que se esfuerza por iluminarse, al mismo tiempo que ayuda a los demás a conseguir el mismo objetivo. En términos prácticos, los esfuerzos realizados por el bien de los demás contribuyen a ayudar a cambiar el propio karma, más que los esfuerzos realizados únicamente por transformarse a uno mismo. La práctica para los demás puede incluir compartir las propias experiencias, dar apoyo moral y emocional e infundir esperanza y, en última instancia, ayudar a los demás a practicar el budismo. Sí, el budismo es muy individualista, ya que se basa principalmente en los esfuerzos solitarios de uno mismo mediante la invocación de la Ley Mística. Pero si los propios esfuerzos van encaminados únicamente a la mejora personal, la verdad alcanzada sólo será parcial.

Ésta es una paradoja del budismo. Aunque decimos que la práctica principal para el crecimiento individual es la invocación de la Ley Mística al Gohonzon, no se produce una auténtica revolución del yo si no nos entregamos a los demás. Robert Thurman, autor y profesor de religión en la Universidad de Columbia, dirigió una vez todo un taller basado en un precepto sencillo registrado por Shantideva, un monje indio del siglo VIII: "Toda la felicidad del mundo procede de pensar en los demás; todos los sufrimientos del mundo proceden de pensar sólo en sí mismo". Al preocuparte por los problemas de los demás, tus propios problemas se ven más pequeños, tanto en tu perspectiva, porque te das cuenta de que quizás haya otras personas con obstáculos más graves que los tuyos, como en tu realidad, porque tus propias dificultades te dejan de dominar cuando dejas de pensar en ellas.

Se dice que una gota de tinta en un vaso de agua la torna azul. Esta misma gota en el océano se desvanecerá por completo. Del mismo modo, si nos sumergimos en las luchas que otras personas libran en la vida, al desarrollar nuestra capacidad natural para la compasión (lo que en budismo denomina naturaleza de bodhisattva), adquirimos sabiduría y fuerza vital para superar nuestros propios problemas.

La vida es una contienda que se libra momento a momento entre la propia naturaleza de Buda y el funcionamiento de las ideas engañosas. Cuando invocamos Nammyojo-rengue-kyo y le llegamos a otros, podemos manifestar nuestra propia naturaleza de Buda y superar nuestra naturaleza ilusoria. Este principio también puede aplicarse a la sociedad. Si se extienden los ideales humanistas del budismo, la sociedad se volverá más humana en todos los aspectos. Según el principio de la inseparabilidad de la vida y su entorno, éste refleja tanto lo positivo como lo negativo. Por lo tanto, desde el problema de la guerra hasta las amenazas constantes al ecosistema del planeta, el cambio auténtico y duradero depende de que extraigamos la naturaleza iluminada de muchísimos individuos. Si establecemos en nuestras vidas y en la sociedad la filosofía humanista que enseña el budismo, podremos conseguir de un modo eficaz la paz y la armonía en el mundo.

CUATRO

LA FELICIDAD

Sostenemos que estas verdades son evidentes
de por sí, que todos los hombres hemos sido
creados iguales e independientes, derivándose
de esta igual creación unos derechos
inalienables entre los que están la vida,
la libertad y la búsqueda de felicidad.

— Thomas Jefferson
(de la Declaración de Independencia)

La mayoría de las personas son felices
en la medida en que deciden serlo.

— Abraham Lincoln

EL BUDISMO enseña que el propósito principal de la vida es la felicidad. Pero esto no sucede sin esfuerzo. Dado que conforme avanzamos por la vida, vamos encontrando obstáculos continuamente, muchos de nosotros nunca nos damos totalmente cuenta que, salvo en breves interludios, ésta es una de las metas más fundamentales de la vida. Muchas veces, nuestra experiencia de la felicidad es tan fugaz que rememoramos obsesivamente "los buenos tiempos" y en general, nos sentimos impacientes e insatisfechos el resto del tiempo. Una frase muy repetida es "¡felices éramos de jóvenes!". Pero en realidad, cuando éramos jóvenes, nos sentíamos ansiosos y torpes, teníamos mal el cutis y un montón de problemas más. O, "Qué buenas fueron las vacaciones de aquel verano" (cuando, en realidad, nos aburrimos y nos quemamos con el sol). O, "Cuando estaba con María era feliz" (aunque tuvieras bastantes razones para dejar a María o para que María te dejase), etcétera, etcétera. Pasó algo, las cosas cambiaron y con ese cambio se esfumó nuestra felicidad.

Mediante la práctica budista correcta, se pueden crear las causas fundamentales que nos den la felicidad inquebrantable. Las enseñanzas del budismo explican el "secreto" que permite disfrutar de la vida plenamente— no sólo *buscar* eternamente la felicidad, sino asirla firmemente y mantenerla aquí y ahora, tal como eres. Pero, para que sepamos exactamente lo que estamos tratando de encontrar, primero hace falta definir la felicidad.

Desde Jefferson, los estaunidenses han creído fervientemente en su derecho a la "búsqueda de la felicidad". Cuando la comparamos con otras cosas que espera la gente— riqueza, salud, éxito, estatus—la felicidad es lo más importante para la mayoría, junto con la vida y la libertad, sin las cuales sería una consideración absolutamente irrelevante, pues la felicidad es la base del modo de vida estaunidense.

Merece la pena señalar, no obstante, que para la mayoría de los estudiosos la famosa *Búsqueda de la Felicidad* de Jefferson denota libre iniciativa, es decir, la capacidad de los individuos para buscar su destino económico sin las limitaciones de las normativas extranjeras y de los altos impuestos. La nueva visión mundial de aquella época presuponía que si se permitía a la gente perseguir sólo sus ambiciones económicas —algo que se había negado a los colonizadores en Europa— esta condición liberada les daría la felicidad. Hoy en día, con un *confort* material y una prosperidad inimaginables en tiempos de Jefferson, sabemos que esta definición es incompleta. Los capitalistas poderosos y quienes han cosechado grandes fortunas personales no son necesariamente personas felices. Y sin embargo, la vida, la libertad y la *compra* de la felicidad se han convertido en nuevos ideales norteamericanos. Aunque, indudablemente, es agradable comprar los "juguetes" que creemos nos harán felices, también es verdad que la alegría que nos dan no es duradera. La emoción de un coche nuevo se desvanece enseguida cuando uno se da cuenta de los constantes pagos que supone. La ropa nueva se va gastando o se pasa de moda. Para recrear el placer de una compra, compramos más y más, una y otra vez . Así, no resulta sorprendente que la creencia de que seríamos más felices si tuviéramos más dinero se haya convertido en algo habitual.

Los mitos sobre la felicidad

La visión imperante de la felicidad en los Estados Unidos sugiere que —además de la riqueza— la fama, el éxito, la juventud y la belleza son factores críticos para la felicidad.

Después de todo, ¿no son más felices los jóvenes, ricos, famosos y guapos? ¿No es el que colecciona más juguetes el que gana el juego de la vida?

Los psicólogos e investigadores que durante mucho tiempo se han centrado en analizar las causas de la infelicidad—depresión, estrés, pena—están empezando a enfocar su atención en la felicidad.

Su conclusión es la siguiente: La felicidad no es lo que la mayoría de la gente cree.

Resulta sorprendente, pero han descubierto en repetidas ocasiones que las diferencias entre la gente, lo cual tomamos como indicadores importantes de la felicidad (en función del dinero, la edad, el género, la salud, la raza, la educación, el trabajo y la geografía), tienen una incidencia mínima en la satisfacción general en la vida. Por muy asombroso que parezca, las circunstancias tienen poco que ver con la felicidad.

El problema se agrava por la tendencia a compararnos con otros en función de estas normas ilusorias, aumentando el sentimiento de insatisfacción constante que alimenta la infelicidad. Nos esforzamos por seguir a los demás porque parecen más felices que nosotros. Pero resulta que en todas las líneas habituales de comparación, probablemente no lo sean.

El problema es que creemos que lo son. Y esta falsa

idea es lo que crea la verdadera infelicidad cuando antes no existía. La publicidad explota nuestra predisposición a compararnos con las imágenes de otros a los que parece irles mejor (y, por lo tanto, parecen más felices que nosotros). Al bombardearnos con imágenes de gente cuyas elegantes posesiones (modos de vida extravagantes, cuerpos esculturales, familias armoniosas, etc.), despiertan nuestra envidia, aumentan nuestro círculo de comparaciones y despiertan nuestro apetito por lo que tienen otros. Utilizan esta infelicidad prefabricada como gancho para hacer que compremos el ingrediente "que nos falta" para ser felices.

Asimismo, existe la creencia generalizada de que seríamos más felices si tuviéramos menos problemas o que una vez que resolvamos el problema que estamos afrontando en un momento dado, obtendremos la felicidad. Pero casi nunca ocurre así. El problema actual es sustituido por otros nuevos problemas en una procesión incesante. Parece que apenas podemos recuperar aliento antes de encontrarnos con más problemas. Este pensamiento identifica los problemas con la infelicidad. ¿Se puede tener una vida sin problemas durante un periodo relativamente largo? El budismo dice que no.

La felicidad duradera no es la ausencia de problemas. Tal como escribe Nichiren: "Aunque surjan problemas materiales, nunca dejes que te alteren. Nadie puede evitar los problemas, ni siquiera los sabios o los personajes ilustres". Todo el mundo tiene problemas. Pero todos conocemos a gente con grandes problemas que es feliz, y a gente que disfruta de todo tipo de ventajas y se siente miserable.

El budismo describe la vida como un cúmulo de sufrimientos que surgen en el ciclo eterno del nacimiento, la vejez, la enfermedad y la muerte. Existe otro tipo de sufrimientos, sin duda, que incluyen la pérdida de un ser amado, la depresión, el despido del trabajo, ser pobre en el seno de una sociedad próspera, verse limitado por barreras raciales y étnicas: todo esto añade sufrimiento y angustia.

A la escala más elemental, el budismo reconoce que la vida está llena de problemas. Esta visión existencial ha empezado a cuajar en la cultura occidental. "La vida es difícil", son las palabras con que M. Scott Peck inicia *The Road Less Traveled* (La carretera menos viajada), uno de los libros de autoayuda más populares de todos los tiempos. "Esta es una gran verdad, una de las mayores verdades", escribe Peck y en una nota a pie de página, explica que ésta es la primera de las Cuatro Verdades Nobles enseñadas por el Buda.

Comprender que la vida supone dificultad nos libera porque nos ayuda a comprender los problemas y el sufrimiento como partes naturales de la vida y no como indicios de deficiencias. Existe un dicho: "Un corazón pequeño se acostumbra a la miseria y se vuelve dócil, mientras que un gran corazón despunta por encima de la desgracia". Desde la perspectiva budista, el hecho de que la vida esté llena de problemas no indica que uno deba deprimirse, desmoralizarse ni resignarse a un destino miserable. El budismo no es estoicismo. El budismo encuentra la felicidad en medio de los problemas.

El motivo de que haya tantas personas infelices es, en la mayoría de los casos, porque se deja llevar por ideas ilusorias. Creen en los mitos predominantes que propaga nuestra cultura sobre la felicidad.

Nichiren explicó que la única diferencia entre un Buda (una persona que ha alcanzado la verdadera felicidad) y un mortal común (una persona que no la ha alcanzado) es que el mortal común está engañado mientras que el Buda está iluminado. Por decirlo de un modo sencillo, los seres humanos no consiguen entender la verdadera naturaleza de la felicidad. Como resultado, muchas veces son incapaces de encontrarla porque no buscan en el lugar correcto.

Para cumplir nuestras expectativas realistas de lograr la felicidad hace falta un esfuerzo descomunal. Debemos saber lo que es la felicidad, lo que no lo es y, sobre todo, contar con un método práctico para conseguirla. Nichiren dilucidó la práctica que nos permite construir la felicidad duradera e indestructible.

Felicidad absoluta y felicidad relativa

Según el budismo Mahayana que enseñaba Nichiren, existen dos tipos de felicidad: la relativa (temporal) y la absoluta (duradera). La felicidad relativa es el sentimiento de satisfacción, gratificación o euforia que se experimenta al lograr algún objetivo o ver nuestros deseos cumplidos. Dada la naturaleza temporal de lo que conseguimos o adquirimos, esta felicidad suele desvanecerse con el tiempo. Si somos individuos fundamentalmente infelices, lo seguimos siendo, y a menudo, después de sentir júbilo, nos sentimos más abatidos que nunca, porque sentimos mucho su ausencia.

Por ejemplo, cuando uno ha estado felizmente casado, la muerte de su esposa puede sumirle en la más profunda desgracia. También hay muchos que llegan al final de su vida solos, indigentes y miserables a pesar de haber adquirido cierta fama o popularidad.

Ni la riqueza, ni el estatus, ni la fama, ni la belleza pueden garantizarnos una vida feliz. Esto se debe a que la felicidad basada en estos aspectos es una felicidad relativa. Es dependiente, circunstancial y temporal. Quien se esfuerce por construir una vida feliz basada en la riqueza, el estatus, la fama o la belleza terminará encontrando insatisfacción, pérdida e infelicidad. En cambio, el budismo expone una felicidad absoluta y duradera. La felicidad absoluta es un estado de vida en el que podemos disfrutar de nuestra existencia bajo cualquier circunstancia. El estado de la felicidad absoluta también se denomina budeidad.

Hemos nacido en esta vida para ser felices, no solamente para soportar el sufrimiento. Ésta es una premisa básica del budismo que enseñan Nichiren y la Soka Gakkai International, organización laica de los seguidores de Nichiren en todo el mundo.

¿Cómo podemos alcanzar una felicidad duradera cuando nuestro estado vital es tan voluble?

Un principio budista básico denominado los Diez Mundos destaca sistemáticamente el drama incesante que hay en cada momento de nuestras vidas interiores.

Este principio enseña que estamos experimentando continuamente estados cambiantes que se producen en un nivel muy por debajo de la conciencia. Estos estados son (del inferior al superior):

1) Infierno
2) Codicia
3) Animalidad
4) Ira
5) Humanidad
6) Cielo (Éxtasis, también denominado felicidad relativa o temporal)
7) Aprendizaje
8) Realización
9) Bodhisattva (misericordia)
10) Budeidad (también denominada iluminación o felicidad absoluta).

Casi todas las personas tienden a vivir o estar en un mundo más que en otro. Por ejemplo, desde muy joven, uno puede tener fama de fastidiar a los demás; la gente con este temperamento suele ocupar el mundo de la Ira. O quizás tiendas a ser pasivo, tímido y dejar que las cosas pasen de cualquier manera; en ese caso, es posible que la Humanidad sea tu mundo dominante y la pasividad tu talón de Aquiles. Quizás todo te parezca poco, ya sea dinero, sexo o aprobación; en ese caso, la Codicia es tu mundo. Esto se llamaría la "tendencia básica de vida" o, más bien, el karma. La mayoría de nosotros lucha en la vida con la misma tendencia constante que domina nuestras interacciones profesionales, sociales y familiares. Por mucho que lo intentemos, siempre hay uno o dos mundos o condiciones de vida en torno a las cuales parecemos gravitar. A pesar de que realicemos denodados esfuerzos por mejorar personalmente, a menudo nos resulta sumamente difícil cambiar esta tendencia fundamental.

Para ilustrar cómo pueden funcionar estos Diez Mundos, o condiciones vitales, en tu propia psique, imaginemos un "día de la vida..." normal.

Te despiertas, te levantas, quizás incluso te pasas un peine por la cabeza, como dice la canción de los Beatles. Desayunas, lees el periódico. Tal vez tengas un perro labrador dormitando pacíficamente a tus pies. Estás en el mundo de la Humanidad (5), donde uno lleva una marcha neutra.

Ahora sales al mundo, inicias el trayecto diario al trabajo y te ves inmerso en un tráfico densísimo. Inmediatamente te cortan el paso y casi te da un golpe alguien que está compitiendo por adelantar. Intercambias miradas hostiles con esta persona desconsiderada. Por un instante, te encuentras en el mundo de la Ira (4).

Al llegar al trabajo, descubres que tu jefe ha vuelto a quitarte los méritos de tu mejor proyecto y vuelves a ver tu mesa con un montón de tareas aburridas e irrelevantes. Disgustado, pero sin valor para enfrentarte a la autoridad, te diriges bruscamente a tu secretaria y empiezas a darle todas las tareas desagradables que puedes encontrar. Te has sumergido en el mundo de la Animalidad (3), donde uno se deja dominar con facilidad y, a su vez, trata de dominar a los demás.

El día va pasando y te vas a comer. Como de costumbre, no puedes evitar fijarte en personas a las que consideras atractivas. Pero últimamente no ves a nadie—de hecho, casi has abandonado la esperanza de conocer a la persona adecuada. Este sentimiento de congoja y resignación invade todo lo que ves y haces. Estás en el mundo de la Codicia (2), donde los deseos fuertes e incumplidos distorsionan tu visión de la realidad.

Al volver a la oficina recuerdas una pasión reciente y pides una cita. Pero esta persona te dice que la relación ha terminado de verdad, que tus gustos personales, incluido tu gusto por el jazz moderno hacen imposible cualquier otro contacto. Sorprendido y herido, empiezas a sentir que nunca serás feliz y que no tienes salida.

Tu carrera es una calamidad. No puedes mantener una relación. Los problemas te desbordan. Estás en el mundo del Infierno (1), una condición de sufrimiento extremo, donde la más remota posibilidad de lograr un mínimo grado de felicidad parece imposible.

En este preciso momento, cuando parece que no queda ninguna esperanza, suena el teléfono. Es una persona del trabajo atractiva, que te llama porque tiene una entrada de sobra para un concierto esa noche: "¿Te importaría venir?" De repente te sientes en el Cielo (6), el mundo donde se han cumplido los deseos —un estado de felicidad relativa (denominada a veces Éxtasis). Toda tu actitud ante el día cambia. La magnitud de las circunstancias que te han llevado al Infierno se reduce, y un aura de buena fortuna invade tu vida (En el budismo, el Cielo y el Infierno no son lugares sino estados de vida o mundos).

Éste es el paisaje interior cambiante de la existencia humana. Es posible que puedas incluso reconocer la variabilidad de tu propia mente en el flujo de pensamientos y emociones que se produce en esta historia. Nuestras vidas interiores son caleidoscópicas, cambian de color y de forma con una variedad y sutilidad infinitas en el *mare magnum* y el caos que invaden la existencia contemporánea. En realidad, cuando ocurre algo que nos hace sentir eufóricos, nuestras circunstancias fundamentales apenas han cambiado; lo que ha cambiado es la persona que hay dentro y esa persona ha estado cambiando constantemente desde que sonó la alarma.

Los mundos que hemos descrito hasta ahora se conocen en el budismo como los "seis senderos" o "seis mundos inferiores". Para la gran mayoría de la raza humana, la vida consiste principalmente en dar saltos adelante y atrás, como una máquina de "pinball", entre estos seis mundos. Cabe preguntarse: ¿Qué tiene de malo estar en los mundos de la Humanidad y el Cielo?

El problema es que estos estados no son duraderos. En los seis senderos inferiores estamos viviendo principalmente en reacción a las circunstancias externas. En estos mundos inferiores, estamos a merced de nuestro entorno. Nuestro bienestar depende de algo o alguien. Una persona que se encuentra en los mundos inferiores está condenado a llevar una existencia de veleta —feliz cuando las cosas van bien e infeliz cuando no— controlando muy poco su vida a pesar de realizar grandes esfuerzos para conseguirlo. La verdadera felicidad nunca puede echar raíces en estas arenas movedizas.

Pero dentro de nosotros tenemos el potencial para lograr un tipo de felicidad diferente, más sólida, que culmina con la felicidad absoluta de la budeidad. Los mundos superiores, incluida la budeidad se conocen como los "cuatro mundos nobles".

A diferencia de los estados condicionados y reactivos de los seis mundos inferiores, los tres primeros mundos nobles del Aprendizaje, la Realización y el Bodhisattva son pro activos, no reactivos. El budismo de Nichiren utiliza estos estados como base para una práctica que nos lleva a otro estado de felicidad absoluta creado por nosotros mismos.

Volvamos al escenario de nuestro "día en la vida". Animado por la llamada telefónica y deseando no hundirte en un cúmulo de sentimientos negativos que te inspira tu trabajo, te sumerges en él con un entusiasmo renovado, un importante proyecto de investigación en el que has estado trabajando durante un tiempo, un proyecto que te permite comprender mejor tu profesión y cómo funciona el mundo. Las horas vuelan como minutos. Estás en el mundo del Aprendizaje (7), donde aprendes sobre la vida, aunque lo hagas en un marco que no tenga nada que ver con el budismo. Al regresar a casa, decides tocar el piano para hacer tiempo hasta la hora de tu cita. Te ves cada vez más absorto en una secuencia concreta de jazz, que exploras a través de múltiples variaciones. Ahora estás en el octavo mundo, la Realización que suele describirse como un tipo de descubrimiento que viene de la disciplina. También se caracteriza como la emoción de controlar algo difícil, y se aplica tanto a la construcción de un barco en un astillero o al bordado sobre cañamazo como a la composición de un soneto o una sinfonía.

Supongamos que un acorde de piano triste te recuerda de repente que tienes un amigo enfermo en el hospital. Decides visitarlo de camino al concierto de jazz. Ahora estás en el mundo de Bodhisattva (9), o compasión, caracterizado por la voluntad de ayudar a los demás. Este mundo también se conoce como "aspiración a la iluminación" ya que, como veremos, la preocupación por la felicidad y el bienestar de los demás forma parte de la conducta de un Buda.

Budeidad: La felicidad

El décimo mundo y el más alto es el más difícil de describir porque no solemos experimentarlo a menudo. Nichiren habla de este estado vital describiendo sus virtudes: las cualidades de nuestra naturaleza de Buda son las cualidades que hacen verdaderamente buenos a los seres humanos.

En su carta "Las tres clases de tesoros", Nichiren escribió: "Mas valiosos que los tesoros de los cofres son los tesoros del cuerpo. Pero ninguno es tan preciado como los tesoros del corazón. ¡Desde el mismo instante que lea esta

carta, esfuércese por acumular los tesoros del corazón!'".
Los tesoros del almacén son las posesiones materiales y
la riqueza financiera. Los tesoros del cuerpo son la salud, el buen aspecto, el conocimiento, el estatus, etc.
Son importantes y obviarlos nos produciría un sufrimiento innecesario, pero están sometidos a la ley de lo efí-
mero, y por lo tanto, al final y al cabo, son relativos.
Cambian con el tiempo y no puede ser la base de una
felicidad duradera.

Los tesoros del corazón son los tesoros del reino interior, las virtudes y las cualidades que surgen de nuestra naturaleza de Buda. Los verdaderos tesoros de la vida
son aquellas cualidades que enaltecen nuestras acciones
de la vida diaria, dándonos sabiduría, valor y seguridad
para ganar en cualquier circunstancia. La base de la felicidad humana empieza por el reino interior. La felicidad
que construimos aquí no es dependiente, momentánea
ni circunstancial —es fuerte y, tal como afirmaba Hamlet, resiste a las "hondas y flechas de la fortuna abusiva".

Nichiren hacía referencia a este reino interior como
la "Torre de los Tesoros" (otro nombre que designa la
Budeidad). Escribió: "No hay otra Torre de los Tesoros
más que las figuras de los hombres y mujeres que abra-
zan el Sutra del Loto. Por lo tanto, se infiere que aquellos que invocan Nam-myojo-rengue-kyo, fuere cual

fuere su condición social, son la Torre de los Tesoros...
El lugar donde invocas Nam-myojo-rengue-kyo se convertirá en la morada de la Torre de los Tesoros". Los tesoros del corazón (las virtudes de la felicidad absoluta, los atributos del Buda) se guardan en la Torre de los Tesoros de la vida humana. Los seres humanos son Torres de los Tesoros. Por invocar Nam-myojo-rengue-kyo, podemos reconocer que estamos dotados de todo cuanto necesitamos para ser totalmente felices; podemos abrir la torre del tesoro de nuestra vida, y podemos revitalizarnos manifestando estos tesoros en nuestra vida diaria.

¿Cómo empiezas? Invocando Nam-myojo-rengue-kyo. Una vez y otra vez. Invocas por la mañana. Invocas por la noche. Invocas cuando estás triste. Invocas cuando estás feliz. Invocas muchísimo (una hora o más) cuando te enfrentas a un reto o una crisis. Y empiezan a producirse cambios. Cuanto más invoca la Ley Mística una persona, cada vez tiende más a la budeidad.

La budeidad no es un destino remoto, la cima inaccesible de una montaña que sólo puede escalarse después de muchas décadas, quizás incluso vidas, de arduo esfuerzo. Al contrario, Nichiren explicaba que es el objetivo de la práctica diaria de cada uno.

Piensa en una limadura de hierro imantado por el

frote constante con un imán: el pedazo de hierro adquiere un polo negativo y un polo pisitivo y la energía necesaria para atraer a otras limaduras de hierro mediante este intercambio. Cuando más sinceramente invocamos la Ley Mística, más se "magnetizan" nuestras vidas de iluminación. Por invocar Nam-myojo-rengue-kyo (frotando el imán), adquirimos sabiduría y fuerza vital (magnetizándonos) y atraemos la buena fortuna y la protección al estar en armonía con nuestro entorno.

Por ejemplo, en el estado de Ira, la propia condición se transforma, de tal manera que la ira se manifiesta de un modo que produce valor: quizás en forma de indignación contra la justicia. La calma, en un momento de crisis, se transforma en la virtud de la paciencia.

Desarrollo del yo interior

Los investigadores contemporáneos del campo de la psicología nos dicen que para ser felices debemos: (1) tener autoestima, (2) sentir que controlamos nuestra propia vida, (3) ser optimistas, y (4) comprometernos con una causa noble. Además de estas virtudes interiores, los investigadores también coinciden en (5) tener un trabajo y un papel que merezca la pena y (6) mantener relaciones duraderas de amor también son factores importantes para vivir feliz. (Ampliaremos estos dos últimos puntos en el siguiente capítulo).

El mejor pronóstico de una satisfacción general en la vida, según un estudio nacional realizado por la Universidad de Michigan, no es la satisfacción con la vida familiar, los amigos o los ingresos sino la satisfacción con uno mismo. Tal como escribió Daisaku Ikeda:

La verdadera felicidad no es la ausencia de sufrimiento. No podemos tener un cielo despejado todos los días. La verdadera felicidad consiste en construir un yo que se yerga digno e indomable. La felicidad no significa tener una vida sin dificultades, sino que a pesar de las dificultades que puedan surgir, puedes reunir el valor inquebrantable y la convicción para luchar y superarlas sin debilitarte con lo más mínimo.

En última instancia, la felicidad es determinada por el grado en que establecemos un yo sólido. Este yo es en realidad el verdadero yo de la propia vida, la vida eterna del Buda que existe en armonía con la ley del universo. Mientras que descubrimos los grandes tesoros o virtudes de la vida mediante la práctica budista, podemos impulsar una revisión espectacular de nuestra propia imagen, un despertar de nuestra grandeza inherente.

En este sentido, el logro de la budeidad es un proceso de descubrir lo que está en este momento latente en nuestros corazones, de descubrir nuestro auténtico yo universal. Al mismo tiempo, éste no es un estado de vida limitado solamente al reino interior. La transformación de la propia imagen que fomentamos en lo más profundo de nuestras vidas se manifiesta en nuestro comportamiento así como en nuestro entorno. En nuestros cuerpos y mentes, nuestras relaciones y nuestros alrededores, la invocación de Nam-myojo-rengue-kyo transporta enérgicamente nuestro universo hacia la felicidad.

Al desarrollar una práctica budista, decimos que uno puede extraer el estado más elevado de vida, la felicidad absoluta o budeidad. Dado que la felicidad se construye desde dentro, no puede destruirse con las circunstancias exteriores cambiantes. Nos libera de la dependencia de los acontecimientos exteriores y, al final, es un modo de control supremo o autodominio, un aspecto importante de la felicidad.

"El infierno es ir a la deriva, el cielo es seguir el rumbo", escribió George Bernard Shaw. Quienes emprenden el estudio y la práctica del budismo adquieren un control creciente sobre su estado interior y, en consecuencia, controlan las circunstancias externas. Se hacen cargo literalmente de su propio universo, convirtiéndose en los amos de su destino al controlar su propia mente.

Incluso fuera del mundo de la filosofía budista, la noción de autodominio o autocontrol está reconocida como un ingrediente importante de la felicidad. Y, según el estudio de Michigan, el quince por ciento de la población que sentía que controlaba sus vidas tenía "unos extraordinarios sentimientos positivos de felicidad". Entre estas personas, tres de cada cinco (más del doble de la media nacional), afirmaban ser "muy felices". Quienes tenían un "punto interno de control" fuerte tenían mejores resultados en el colegio, soportaban mejor el estrés y vivían más felices.

Para ver cómo funciona esto en el budismo, examinaremos una experiencia de vida real, la de una joven que inició la práctica budista en unas circunstancias especialmente lamentables. Durante toda su vida había tenido pésimas experiencias tanto en el trabajo como con sus relaciones. Estaba sumamente desanimada respecto de su futuro y casi siempre estaba deprimida. Estaba en el estado del Infierno sin esperanza.

Trató de empezar a invocar Nam-myojo-rengue-kyo, centrándose en una relación duradera y una carrera importante. Aunque mejoró en ambos sentidos, seguía fracasando. Pero empezó a conocerse. Poco a poco fue reconociendo la raíz de su problema: se odiaba a sí misma. Su crítica interior le importunaba constantemente con pensamientos que le hacían dudar de sí misma y subestimarse.

Después de invocar la Ley Mística durante un tiempo luego de una ruptura desgarradora, estuvo pensando: "¿Por qué no me quiere nadie? ¿Qué pasa conmigo?" Conforme seguía practicando, se dio cuenta que nadie podía quererla porque no se quería a sí misma. A partir de entonces centró su práctica en ver su yo interior, sus grandes virtudes, su naturaleza de Buda. Consiguió aceptar sus debilidades como algo natural, y mostrar y reconocer sus virtudes únicas y maravillosas. Cuanto más se amaba y apreciaba a sí misma, más reflejaba su entorno ese cambio interior.

Sus relaciones profesionales se desarrollaron de la mejor manera, cada vez confiaban más en ella y la valoraban más en el trabajo. Esto dio lugar a nuevas oportunidades y recompensas financieras. Cultivó una antigua pareja que recuperó y ahora está felizmente casada con dos hijos. Todo empezó tomando el control y desarrollando su yo interior, la base de su felicidad interior.

El optimismo:
el descubrimiento de la esperanza

Buscar nuestra felicidad absoluta también significa vivir con optimismo. Los optimistas tienen más salud y más éxito. "No hay capacitación más eficaz que la autocapacitación", escribió el historiador y economista de la Universidad de Harvard, David S. Landes, en su libro de 1999 *La riqueza y la pobreza de las naciones: Por qué algunas son tan ricas y otras tan pobres.* "En este mundo, los optimistas son los que ganan, no porque siempre hagan lo correcto, sino porque siempre son positivos. Hasta cuando se equivocan son positivos, y ésa es la clave del triunfo".

El budismo nos enseña a ver todo desde un punto de vista positivo, como una oportunidad de crecimiento, como la materia prima para desarrollar la felicidad absoluta. Invocar Nam-myojo-rengue-kyo es fuente de optimismo y de crecimiento, lo que el budismo denomina la "creación de valor". Esta fuente permite a los practicantes transformarlo todo en sus vidas, tanto la alegría como el sufrimiento, en causas para la felicidad absoluta. Como resultado, los individuos desarrollan confianza en su capacidad para transformar el sufrimiento en la materia prima de la felicidad. Con esta facultad, todo es ventajas y oportunidades.

Tomemos otro ejemplo de la vida real. Un ejecutivo de cincuenta y ocho años que practicaba el budismo y había dedicado toda su carrera a una gran empresa, vio su felicidad y la seguridad en sí mismo puestas a prueba cuando perdió su trabajo como resultado de una reducción de personal.

A su edad, las perspectivas de conseguir otro trabajo eran escasas. Aunque hizo unos esfuerzos extraordinarios por buscar trabajo, las semanas se convirtieron en meses sin trabajo en el horizonte. Los ahorros familiares se agotaron, las facturas se quedaban sin pagar.

Pero el verdadero reto se le planteó cuando empezó a perder la esperanza. Esta pérdida de la esperanza le agotó la decisión y la energía necesarias para investigar y prepararse para una nueva carrera. Se enfrentaba con las perspectivas de todo aquello para lo que había trabajado. Llegó a enfrentarse con la naturaleza voluble de una felicidad basada en el éxito, el estatus y la riqueza material.

Buscó el consejo espiritual de otro budista con experiencia y aprendió a ver su situación como una oportunidad para desarrollar una base más sólida de su vida interior, para perseguir los tesoros del corazón en lugar de los del almacén. Se dio cuenta de que había estado desatendiendo a su familia y otras relaciones importantes, así como su salud y su crecimiento personal. De hecho, había estado cambiando oro por basura.

Centró su oración, utilizando esta crisis como una oportunidad para dar un nuevo rumbo a su vida con sus prioridades por delante. Empezó a ver su problema como una importante oportunidad. Con este cambio de perspectiva, desde lo más profundo de su vida empezaron a fluir el optimismo renovado y la determinación. Se llenó de energía renovada y voluntad para buscar oportunidades en direcciones que antes no había considerado. De un modo casi inmediato, se le abrió una oportunidad en un campo completamente nuevo. Investigó y le asombró lo interesante que le resultaba. Tenía posibilidades para avanzar sin límites. Al final, desarrolló una carrera nueva y muy exitosa que resultó mucho más gratificante que el trabajo que había desempeñado hasta entonces. Es más, su nuevo éxito no le distrajo de su compromiso de desarrollarse personalmente, ni de su familia y amigos. Mantuvo su vida equilibrada y encontró una felicidad con la que nunca había soñado.

Tal como ha escrito Daisaku Ikeda: "La verdadera felicidad surge incesantemente desde el fondo de tu vida mientras luchas como es debido para superar cada tormenta de contratiempos. Este tipo de felicidad verdadera es un torrente sin límites. No puedes disfrutar de una verdadera y profunda felicidad si sólo tratas de disfrutar de situaciones cómodas en las que no tengas que enfrentarte a situaciones duras".

El vivir con un objetivo y con sentido nos fortalece

Somos fuertes, y somos débiles; ninguno de nosotros es totalmente fuerte o débil. Dicho de un modo sencillo, somos fuertes cuando tenemos algo importante que hacer. Y somos débiles cuando no tenemos nada significativo que hacer. La debilidad que observamos en aquéllos cuyas vidas son regidas por las obsesiones y las adicciones es un síntoma de la fuertemente arraigada falta de propósito que se extiende en nuestra sociedad. "Estar lleno cada día de un sentimiento gratificante de euforia y propósito", escribió Ikeda, "un sentimiento del deber cumplido y de plenitud total—la gente que se siente así es feliz".

La verdadera felicidad tiene que ver con entregarse a una gran causa. Quien vive así es fuerte, lo bastante fuerte como para ser feliz en cualquier circunstancia. Quien vive así tiene un sentimiento de plenitud en lo más profundo de su vida y no se ve afectado por el cambio constante que le rodea".

"Evidentemente", prosigue Ikeda, "la misión u objetivo que te hayas fijado debe ser acorde con la felicidad de uno mismo y la de los demás. Eso es lo que hace posible la felicidad absoluta".

El budismo de Nichiren enseña la necesidad de una visión del "tú y yo". De este modo, los budistas practican para ser felices ellos mismos y, al mismo tiempo, para ayudar a los demás a ser felices y traer la paz a la sociedad, reconociendo que es imposible construir la felicidad personal en base al sufrimiento (o la infelicidad) de los demás. Además, los esfuerzos realizados para hacer felices a los demás se convierten en una fuente importante de felicidad personal. Por lo tanto, la misión más grande y noble es esforzarse por el bien de los demás. Al hacerlo, el ego se reduce y el verdadero yo, o budeidad, pasa a primer plano.

Evidentemente, hay muchos modos de actuar de un modo compasivo con los demás. La disciplina del budismo incluye tanto la práctica por uno mismo como la práctica por los demás, con la idea de que el acto supremo de compasión es dar a los demás los medios necesarios para aumentar constantemente su propia capacidad para superar la miseria y ser absolutamente feliz.

Invocamos Nam-myojo-rengue-kyo por la felicidad de los demás. Enseñamos a los demás a invocarlo. Y estudiamos juntos el budismo, de modo que quienes tienen más experiencia comparten sus conocimientos e ideas, y a su vez, renuevan su práctica con las realizaciones de los recién llegados. Trabajamos constantemente para ampliar nuestra capacidad de crear armonía con los demás en todo nuestro entorno—familia, amigos, compañeros de trabajo, vecinos, etc.

La plenitud surge del reconocimiento de esta misión de ayudar a los demás a extraer su potencial y del ejercicio personal para hacerlo realidad. Si vivimos sin misericordia llevamos una vida superficial. El camino de Bodhisattva, el camino de ayudar a los demás, es el camino seguro a la felicidad absoluta. Volviendo a George Bernard Shaw, en *Hombre y superhombre* afirma:

Ésta es la verdadera felicidad de la vida, el ser utilizado para un propósito que tú mismo reconozcas como fuerte; el terminar rendido antes de que te descarten; ser una fuerza de la naturaleza en lugar de un bruto febril lleno de achaques y dolencias que se queja de que el mundo no se dedicará a hacerlo feliz.

En este sentido, la verdadera felicidad no es sólo tener ideales nobles, sino actuar para cumplir tu propósito o misión en la vida por el bien de los demás. Las últimas palabras que escribió Víctor Hugo fueron: "Amar es actuar". Del mismo modo, podemos decir; "Ser feliz es actuar". Tal como afirmó Nichiren: "El verdadero significado del advenimiento del buda Shakyamuni a este mundo yace en su comportamiento como ser humano. A los sabios puede llamárseles humano, pero los necios no son más que animales". Tan importantes como cualquier cosa que dijera Shakyamuni eran sus acciones incesantes por llevar a los seres humanos a la iluminación, por compartir su budeidad del modo más *compasivo* posible, según la capacidad de sus oyentes — "su comportamiento como ser humano".

El "secreto" para ser absolutamente feliz en este mundo es invocar Nam-myojo-rengue-kyo por ti y por los demás. Tal como escribió Nichiren, "No existe mayor felicidad para los seres humanos que no sea la de invocar Nam-myojo-rengue-kyo". Al invocarla se despierta el impulso compasivo que llevamos dentro, latente, extrayendo y manifestando la condición de vida superior por la que tenemos que luchar con sinceridad. Nuestra felicidad depende del modo en que fomentemos la felicidad de los demás.

La transformación humana

Según la enseñanza de los Diez mundos, el budismo explica que el modo de lograr la felicidad absoluta en esta vida, en este mundo y en nuestras circunstancias actuales, es preocupándonos por nuestro estado interior de vida. Si no somos conscientes de los Diez Mundos que llevamos dentro en especial, nuestra naturaleza de Buda inherente), gastamos cantidades colosales de energía buscando la felicidad relativa.

Lo que mantiene a la gente en los seis mundos inferiores, según el budismo, son los espejismos que surgen de los "tres venenos" como: *la avaricia, la ira y la insensatez.* Si permitimos que nos invadan estos tres venenos, por ejemplo, creer que todo lo que compremos nos dará la felicidad cuando en realidad estamos atrapandos por los estados inferiores, donde los únicos resultados posibles son el sufrimiento y la infelicidad constante.

Si las ideas equivocadas son la causa de la infelicidad, y si al creer en una filosofía correcta conseguimos la felicidad absoluta, la reforma de las creencias incorrectas se convierten en un método práctico para buscar la felicidad. Por lo tanto, Nichiren concluyó que si deseamos ser felices debemos "reformar rápidamente los principios de nuestro corazón" y abrazar la sabiduría del budismo.

La práctica budista pretende ayudarnos a reformar los principios equivocados que existen en nuestro corazón. Este proceso de reforma interior, de revolución humana, a diferencia de las revoluciones del pasado, implica ausencia de ideologías, de sistemas morales, de códigos de conducta o violencia. Sencillamente invocamos Nam-myojo-rengue-kyo pensando en obtener un bien, con la esperanza de que los objetivos de nuestra vida pueden cumplirse. Nuestra felicidad o infelicidad depende, al fin y al cabo, de nosotros. Si no cambiamos nuestro estado de vida, no podremos encontrar la felicidad verdadera. Pero cuando cambiamos nuestro estado interior, todo nuestro mundo se transforma. La forma de lograr esta transformación es invocar Nam-myojo-rengue-kyo, la base de la práctica budista. Invocamos Nam-myojo-rengue-kyo para llevar a cabo nuestra revolución humana, para reformar las creencias que albergamos, y para reunir la fuerza interior necesaria con qué superar nuestras dificultades personales y ayudar a los demás.

CINCO

LAS
RELACIONES
QUE
FUNCIONAN

Cuanto mayor es mi amor
por la humanidad en general, menos
me gusta la gente en particular, es decir,
por separado, como individuos.

—Fedor Dostoevsky

Defino el amor de la siguiente manera:
la voluntad de ampliar el yo para alimentar
el crecimiento espiritual propio y ajeno.

—M. Scott Peck

AMAR A LA GENTE y apreciar a la humanidad de manera abstracta es relativamente fácil. Sentir compasión por individuos concretos, amar a un solo ser humano, es mucho más difícil. Muchos hemos oído historias de individuos que apoyan causas sociales meritorias, quizás financiando organizaciones filantrópicas e incluso grupos sociales activos, mientras que en sus vidas privadas se caracterizan por la insensibilidad e incluso la crueldad con aquéllas personas más cercanas a ellos: Sin embargo, la misericordia por la humanidad en las enseñanzas budistas no es un simple idealismo: es algo por lo que nos esforzamos día a día.

Hemos dicho que la naturaleza de Buda vive en cada individuo y que la felicidad de cada uno radica en construir una personalidad interior sólida. Aunque el budismo es una poderosa herramienta para construir la fuerza interior, no se trata de una actividad solitaria. En cambio, la enseñanza budista demuestra que la interacción compasiva con los demás es el modo más satisfactorio de vivir en sociedad y, de hecho, es prácticamente un requisito previo a la iluminación. Una persona con sabiduría trata de fortalecerse y de extraer lo mejor de los demás. El humanismo del Sutra del Loto, la principal enseñanza para esta época moderna, se reduce a apreciar al individuo. Una persona que se encuentra en el estado de la budeidad respeta la individualidad de los demás, y desea que manifiesten también sus virtudes peculiares. El objetivo principal del budismo es la iluminación universal, empieza, por lo tanto, con la apreciación de uno mismo, luego, a los individuos que nos rodean y, por último, se amplía a todas las personas.

En este capítulo se explica el modo de cultivar esta actitud y desarrollar relaciones satisfactorias.

Una cosa es cierta: todo el mundo mantiene relaciones. Hasta quienes llevan una vida monástica interactúan con otros monjes. Las relaciones de diversa índole son una parte inevitable de la vida humana, más aún para la gente que vive la realidad diaria de la familia, de las asociaciones y del trabajo. Pero más allá de todo esto, el deseo de un acompañante está fuertemente arraigado. Al buscar la felicidad personal, los seres humanos se guían por la búsqueda de relaciones duraderas que les llenen, especialmente las íntimas.

El tener relaciones satisfactorias e imperecederas contribuye en gran medida a la felicidad. Pero lamentablemente, las relaciones —ya sea con la familia, los amigos o los compañeros de trabajo— pueden ser, con demasiada frecuencia, una fuente de sufrimiento y dolor más que de alegría y satisfacción. O las relaciones que en un momento fueron satisfactorias no duran. Si hay tanta gente sincera y bienintencionada que emplea tanto esfuerzo y energía en buscar y cultivar relaciones, ¿por qué fracasan tantas?

Fracasan porque no tenemos la suficiente sabiduría para hacer que funcionen. Muchas veces, las entablamos por razones que no son propicias para que sobrevivan.

Todo depende de ti

El hecho de experimentar una relación de un modo positivo o negativo depende de ti —de tus propias creencias y actitudes. Al principio puede resultar difícil aceptar esta idea. Pero para desarrollar unas buenas relaciones primero debes aceptar toda la responsabilidad de tu vida y el papel que desempeñas en estas relaciones.

"Es difícil volar como un águila cuando estás rodeado de pavos", reza una conocida calcomanía de parachoques. El budismo enseña que el entorno de cada uno refleja tu estado vital. Sugiere que si estás rodeado de pavos, es muy posible que en lugar de un águila pienses que, en realidad, eres un pavo. Y, por extensión, tu entorno es una granja de pavos. Ahora bien, el problema no es que los pavos que te rodean te impidan volar, sino que tú debes transformarte en el águila que deseas ser. Como cada uno de nosotros es, al nivel más básico, un Buda, no tenemos ningún problema. No somos impuros ni estamos viciados. Lo que está viciado es nuestra mente, que no está iluminada. Pero no significa que la víctima tenga la culpa. Evidentemente, hay gente que se porta mal y te hace sufrir a ti o a otros. Sin embargo, no somos responsables del comportamiento de los demás, sino sólo de nosotros mismos. Cuando entiendas esto, te darás cuenta de que esta idea resulta liberadora: Como controlamos las elecciones que hacemos en nuestra propia vida, tenemos capacidad para hacer algo con aquellas relaciones que no nos llenan.

Nichiren enseñaba que el sufrimiento surge por "buscar fuera de nosotros" la causa o la solución a los problemas. El hecho de que seas tú quien sufre significa que es tu problema y tú, nadie más que tú, eres quien debe solucionarlo. Si esperas que otros cambien, puedes esperar mucho tiempo. Y sin embargo, la gente hace extraordinarios esfuerzos por modificar el comportamiento de los demás para hacer que funcionen las relaciones. Pero al final esto es tan inútil como limpiar el espejo para limpiarte la cara. El espejo seguirá reflejando la misma imagen.

Mediante la práctica budista empezamos a vernos mejor, quizás por primera vez en nuestra vida, con todos nuestros puntos débiles y fuertes. Día tras día, alcanzamos una comprensión cada vez más lúcida (aunque son muy comunes los momentos fugaces de autocomprensión repentinos e intensos) de que las relaciones que hemos entablado son el reflejo de nuestro propio estado vital. Es entonces cuando podemos embarcarnos en el proceso uniforme y duradero de desarrollar nuestra sabiduría y nuestra capacidad como seres humanos.

La clave para transformar nuestras relaciones interpersonales está en el proceso de nuestra propia transformación. Como la única persona cuyo comportamiento controlas eres tú mismo, utiliza ese poder al máximo. Trabaja de adentro hacia fuera.

El budismo enseña que el origen de las actitudes o creencias falsas sobre uno mismo y los demás, que llevan a la miseria y el sufrimiento, puede encontrarse en los "tres venenos": la avaricia, la ira y la insensatez. Concretamente, la ira, el veneno formado a partes iguales por arrogancia y egocentrismo, destruye las relaciones. El veneno de la ira provoca inevitablemente discusiones y conflictos entre la gente, ya sean individuos, grupos o naciones. La guerra tiene sus raíces en el veneno de la ira.

El budismo llama al yo envenenado, al egoísta arrogante y preocupado por sí mismo que todos llevamos dentro, el yo inferior. El propósito fundamental de la práctica budista es manifestar un yo superior o verdadero. La comprensión del propósito de las relaciones y la purificación personal de los tres venenos van de la mano.

La relación perfecta:
Dos personas independientes que se unen

Un profesor budista explicaba una vez que existen tres fases en el desarrollo del carácter de los seres humanos: dependiente, independiente y contributiva. Por desgracia, la mayoría de las personas desconocen por completo el tercer estado vital, el contributivo (o interdependiente). Para ellos, sólo hay dos opciones, independencia o dependencia.

La independencia, el yo autónomo, puede ser un estado feliz porque tenemos el control, una condición necesaria para la felicidad. El yo fuerte y seguro, sin embargo, puede volverse arrogante y aislarse fácilmente. Ahora bien, la arrogancia y el compañerismo no se mezclan bien. De hecho, es muy posible que una persona arrogante sea incapaz de mantener relaciones satisfactorias. Al contrario, estas relaciones terminarán casi siempre en conflictos y disputas.

Para la mayoría, la alternativa son las relaciones dependientes (o codependientes). La gente ofrece respeto y amor pero no lo hace de un modo libre: están llenos de ataduras. Se trata de un enfoque interesado. "Te amaré mientras me des lo que necesito".

La vida con este tipo de relación sólo puede ser una veleta, con altibajos que te llevan del estímulo desenfrenado a la desesperación. Esto se debe a que tu felicidad depende del comportamiento de otra persona, de que evalúe si merece la pena amarte.

En cualquier situación, la felicidad no puede lograrse sin cierta sensación de control. El depender de otro para que valore si merece la pena amarte le da control a esa persona sobre tus emociones y autoestima. Hemos abandonado nuestra capacidad.

La experiencia de Janet:
El problema de mi marido con la bebida

Janet había estado atravesando muchas dificultades en su matrimonio durante muchos años. El alcoholismo de su marido le produjo un inmenso sufrimiento, no sólo física y emocionalmente sino también espiritualmente. Trató de hacerle razonar. Trató de mejorar ella misma para ser una esposa mejor. Se sentía incapaz de cambiar nada aunque se esforzaba por conseguirlo. Todo esto le hizo dudar mucho de sí misma y le dio una visión crítica de la vida. Abandonó la esperanza de que su marido dejase de beber o de tener un matrimonio feliz.

Janet pensó en dejarlo, pero le daba miedo estar sola. En cierto modo, su marido sabía que nunca lo dejaría porque dependía de él, financiera y emocionalmente. Así que se quedó un año y otro y otro.

Como, al fin y al cabo, el problema era la bebida, nunca caía en cuenta de que tuviera que cambiar nada de sí misma. Después de mucho buscar sinceramente una solución, se resignó desesperanzada a aceptar su situación, se sentía demasiado débil para tomar la determinación de hacer algo para solucionar su infelicidad. Como es normal, las cosas empeoraron.

Por fortuna, un amigo le habló a Janet del budismo de

Nichiren. Empezó a practicar diligentemente y a invocar Nam-myojo-rengue-kyo cada día. Las siguientes semanas, además de obtener varios beneficios evidentes, tuvo una revelación importante: estaba tratando de cambiar a la persona equivocada. Se había convencido de que tenía que concentrar todos sus esfuerzos en lograr que su marido cambie de comportamiento y hasta que éste no lo hiciera, ella seguiría siendo desdichada.

Mientras más aprendía sobre la filosofía budista, y se conectaba con su sabiduría de Buda, comprendía que necesitaba ser feliz aunque su marido no dejara de beber. Se dio cuenta que había perdido el respeto por sí misma al permitirse ser desdichada.

Al desarrollar una fortaleza interior más fuerte mediante la práctica budista, el comportamiento de Janet hacia su marido (que había estado alimentado por la ira y la frustración) cambió, y su preocupación por la felicidad de su esposo fue genuina. Mientras más invocaba por la felicidad de ambos, la fuerza y la determinación se encendían y se alimentaban dentro de ella. Comprendió que, como pareja, estaba fomentando la debilidad y la codependencia. Al final, su resolución se fortaleció y decidió hablar con su marido.

Esta vez se acercó a él de un modo distinto, sin miedo ni ira, y sin el mensaje implícito de que él tenía que cambiar por el bien de ella. Le dijo: "Siento que tengas un problema con la bebida, pero ya no me inmiscuiré más en él. Soy responsable de mi propia felicidad, y espero que mi propia paz interior te ayude a ti también". Con este nuevo enfoque sincero vino una respuesta sorprendente de su marido; la tomó en serio. Finalmente, pudo escucharla. Esa misma noche dejó de beber. Es más, además de volver a la sobriedad, enseguida se produjo un cambio más profundo en su relación. Dejaron de depender uno de otro y empezaron juntos una vida interdependiente y contributiva. Comenzaron a experimentar un grado de felicidad que siempre habían considerado fuera de su alcance.Su gran avance interior, fortaleza, sabiduría y determinación, que descubrió mediante la práctica budista, fueron la clave para iniciar un avance importante que cambió su vida.

Así que, si somos infelices ¿es culpa de nuestra pareja? En un sentido superficial, quizás. Pero, en esencia, somos nosotros los culpables, en la medida en que nos empeñamos en darle a nuestra pareja la última palabra sobre nuestra felicidad, quiera o no, y en la medida en que creamos que no podemos ser felices sin la ayuda o el cambio de comportamiento del otro.

Ahora bien, cabe preguntarse ¿qué hubiera ocurrido si el marido de Janet no hubiera dejado de beber? Dijo que lo sentía, pero estaba preparada para ser feliz aunque no dejara de beber, incluso, aunque eso significara dejarlo. Ya no quería que su felicidad dependiera de él ni de su comportamiento. Se dio cuenta de lo infeliz que era él también con su situación. Esta mujer le había entregado todo su poder. El comportamiento de su marido se había convertido en el factor determinante de su relación. Su fuerte resolución de ser absolutamente feliz, por encima de todo, los liberó de su codependencia.

En cualquier relación debemos mantener nuestro control, desarrollar identidad sólida y la capacidad para ser felices por dentro. Si luchamos y nos ponemos de pie, con la firme determinación de ser felices, podemos buscar y alimentar relaciones que sean contributivas basadas en compartir por igual: relaciones en las que demos nuestro amor libremente, sin ataduras ni expectativas. Sin depender uno del otro. Ni tampoco ser adictos al otro. Una relación así, entre dos personas, da lugar a un amor fuerte y duradero.

Antes de buscar una pareja contributiva, debemos esforzarnos por desarrollar esta capacidad dentro de nosotros. Sólo entonces podremos extraer y fomentar la misma cualidad en los demás. "La felicidad no es algo que nos pueda dar otra persona, como un novio o novia", escribió Daisaku Ikeda en su libro *A la manera de los jóvenes*. "Tenemos que lograrla por nosotros mismos. Y el único modo de conseguirlo es desarrollando nuestro carácter y nuestra capacidad como seres humanos, desplegando todo nuestro potencial. Si sacrificamos nuestro crecimiento y talentos por amor, con toda seguridad, no hallaremos la felicidad".

Encontrar la relación correcta: Cuidar el jardín

Habiendo llegado a este punto, puede que piense: "Mi problema no es cómo arreglar una separación de pareja; mi problema es que no tengo una relación. Si la tuviera, podría dedicarme a ella". Este lamento es bastante común. Pero en realidad todos tenemos muchas relaciones y no sabemos realmente cómo se pueden crear. Hay muchas historias de gente que encuentra que una relación íntima se convierte inesperadamente en un romance o una relación laboral se convierte en algo más. Nunca puedes estar seguro de dónde, cómo o cuándo puede florecer "la relación de tu vida".

Encontrar una relación que funcione bien no es, como parece decir la cultura Pop, igual que ir a comprar ropa: examinar las prendas (o posibles parejas) hasta que encontremos una, y devolver las que no nos van o deshaciéndonos de ellas cuando se pasan de moda. Al contrario, el proceso es, más bien, como mudarse a una casa nueva y encontrarse con un jardín descuidado durante mucho tiempo en la parte de atrás. Cultivamos con mimo todas las plantas desconocidas que encontramos ahí y esperamos pacientes para ver qué frutos y flores van a salir. Como no sabemos ni cómo ni cuándo florecerán, las cuidamos a todas y disfrutamos del proceso de descubrirlas mientras florecen, cada una a su manera, en una explosión de belleza. El objetivo es convertirnos en un jardinero experto en relaciones.

Al igual que en la jardinería, este proceso puede resultar muy divertido y gratificante. No es realista pensar que las relaciones darán fruto inmediatamente y, de hecho, resulta contraproducente establecer vínculos a largo plazo. Las relaciones son como los semilleros: debes cuidarlos y disfrutar viéndolos crecer, florecer y dar sus frutos. Muchas veces desechamos relaciones antes incluso de ver sus posibilidades. Esto no significa que no podamos añadir continuamente plantas al jardín. Siempre habrá muchas más relaciones maravillosas, un sinfín que podemos desarrollar. Pero en lugar de buscar continuamente la relación "correcta", es más importante cultivar las que ya tienes. En algún lugar del jardín de tu vida, hay cosas increíbles esperando florecer.

Iniciamos relaciones románticas porque estamos enamorados de otra persona, pero es importante ver todas nuestras relaciones como un terreno fértil para el crecimiento, el desarrollo, la madurez y el fortalecimiento de nuestro carácter. Lo que nos hace felices es darnos cuenta de que tenemos una buena relación y no la relación en sí. Este tipo de crecimiento y desarrollo emocional se denomina *revolución humana*, es decir, la transformación interior que fomenta nuestra práctica budista. Los caracteres chinos que se utilizan para escribir este concepto ilustran la transformación que se produce en el espacio entre las personas. La transformación se produce al interactuar con otros con la intención de promover el crecimiento mutuo. Nuestro crecimiento es un proceso interdependiente.

En la historia anterior, fue la transformación interior de la mujer la que dio lugar a un resultado positivo. Pudo haber optado sencillamente por dejar a su marido, pero de hacerlo así, se habría perdido de la oportunidad de crecer personalmente, lo cual le dio una mayor felicidad y sentido de realización. Si hubiera eludido ese crecimiento, habría llevado las mismas ideas erróneas y debilidades a sus relaciones futuras, reviviendo su sufrimiento una y otra vez.

El error de mirar fuera de uno mismo

En las relaciones, el infierno proviene de tratar de cambiar el comportamiento de otra persona en lugar del tuyo propio. Cuando ejercemos el autodominio, que empieza por estar felices con nosotros mismos, adquirimos una capacidad para influir en el corazón de los demás. Sólo conseguimos influir en los demás cuando dejamos de tratar de controlarlos. Por ejemplo, ¿alguna vez te has sorprendido diciendo "me pones nervioso, deja de hacer eso" a personas cuyo comportamiento te molesta o frustra? La implicación de esa afirmación, "me pones nervioso", significa que, de algún modo, no puedes controlar tu ira. Ellos sí. Y como les has cedido el control y la capacidad, lo que debe cambiar es tu comportamiento para eliminar tu ira. Pero, evidentemente, no controlas su comportamiento, así que cuanto más lo intentes, más te enfadarás.

No toda ira es mala. Por supuesto, existen situaciones reales de injusticia en las que está justificada la ira. Aun en estos casos, sin embargo, la clave para provocar un cambio es el dominio de uno mismo. El budismo enseña que al responder a cualquier situación, según las elecciones que realicemos, nos encontramos en uno de los Diez Mundos: Infierno, Hmbre, Animalidad, Ira, Tranquilidad, Éxtasis, Aprendizaje, Realización, Bodhisattva y Buda.

El hecho de reconocer lo que estamos eligiendo y hacernos responsables de nuestras elecciones nos capacita para escoger nuestro estado vital. Nos devuelve el control.

La experiencia de Timothy:
Hago lo correcto pero estoy perdiendo

El dilema de un joven que practica el budismo en Seattle ofrece un caso oportuno. Aunque Timothy era un individuo brillante, afable y con éxito, su relación con su esposa le producía un gran sufrimiento. Ella estaba convencida, basada en una circunstancia circunstancial, de que él le estaba siendo infiel. Él sabía que era inocente y que no había tenido ese comportamiento. Pero ella seguía convencida y sus negativas categóricas no hacían sino convencerla todavía más.

Aunque era inteligente y perspicaz, no podía comprender la raíz de sus problemas en casa. Como resultado, el matrimonio y la familia que lo habían significado todo para él se estaban desintegrando. Estaba siempre enfadado.

Siguiendo el consejo de sus amigos y consejeros, expresó su ira. No se la guardó, pero las cosas fueron peor. Luego intentó, siguiendo de nuevo los consejos de los demás, guardarse su ira y no manifestarla. Pero eso tampoco ayudaba. Parecía destinado a perder a las personas más importantes de su vida por "diferencias irreconciliables". Timothy se estaba enfrentando a las perspectivas del divorcio y la separación de sus hijos.

Para él, la clave era que había hecho "lo correcto". La situación concreta que provocó las discusiones era un malentendido de los acontecimientos por parte de su esposa. Sencillamente, estaba "equivocada". Pero él sufría (y ella también). Al parecer, él había perdido la capacidad para cambiar su vida (o, más concretamente, la de su mujer). Como en la historia anterior, él estaba intentando cambiar a quien no debía, aunque aparentemente, un cambio por parte de su esposa hubiera sido la solución más sencilla. Su frustración surgió porque se sentía impotente (como todos nosotros) para conseguir cambiar a otra persona. ¿Qué podía hacer?

Timothy creía firmemente que su mujer le estaba enfadando. En este sentido, había estado cegado por su "rectitud". Al pensar que su conducta intachable justificaba su ira, siguió enfrentándose a su mujer. Afortunadamente, siguió buscando una mayor comprensión mediante la práctica budista, el estudio y la consulta. Llegó a darse cuenta de que estaba "buscando fuera de sí mismo".

Como siguió invocando Nam-myojo-rengue-kyo, Timothy comprendió que tenía que buscar una solución dentro de sí mismo, en su propio comportamiento, la única área que podía controlar. Cuando lo hizo vio la responsabilidad que tenía en el deterioro de la situación. Aunque su esposa estuviera equivocada, él también había aumentado el error al añadir el veneno de su propia ira. De este modo, los malentendidos relativamente simples enseguida degeneraron en violentas tormentas, provocadas en gran medida por su propio enfado. En otras palabras, hacía bien y mal a la vez. Se dio cuenta de que las acusaciones de su esposa surgían por la falta de seguridad y autoestima, que se incrementaba con los arranques de cólera de él.

Al reconocer su parte de culpa en el conflicto, Timothy enfocó la práctica budista en su responsabilidad en lugar de esperar a que su esposa cambiara primero. Para entonces, sus problemas se habían extendido a su oficina y amistades. Se vio haciendo lo correcto, casi siempre, en lo referente a acontecimientos específicos, pero, al mismo tiempo, enfadado y cada vez más aislado. No era cuestión de decir que se portaba mal cuando sabía que se portaba bien, lo cual, en todo caso, hubiera ido en contra de su naturaleza. Al contrario, se trataba de aprender a portarse bien con sabiduría.

Conforme desarrollaba una mayor sabiduría y auto-control e invocaba Nam-myojo-rengue-kyo para responder de un modo misericordioso ante los errores de los demás, notó que controlaba mejor sus emociones. Empezó a reconocer que era absurdo creer que alguien podría hacerle enfadar si él no lo deseaba. Como resultado, la relación que casi estaba destruida empezó a prosperar de nuevo y al final floreció como una pareja bella y armoniosa. Aunque las sospechas de su mujer no cesaron de inmediato, ya no le afectaron emocionalmente. Como no se enfadaba, que era lo que le hostigaba, estas sospechas se redujeron hasta el punto de ser insignificantes, para luego desaparecer totalmente.

Otro variante del error de mirar fuera es compararnos con los demás. Existe un antiguo dicho que reza: "no puedes contar un libro por la cubierta". No se puede decir mucho sobre la vida de una persona —si va mejor o peor, si es feliz o infeliz— viéndola sólo desde fuera. La única comparación significativa que podemos hacer es entre nuestra vida de hoy y la de ayer, el mes pasado o el año pasado. Los analistas de Wall Street, por ejemplo, no comparan IBM con General Motors ni Amazon.com con AT&T. Comparan los beneficios trimestrales de cada empresa con los del trimestre anterior, y con los del mismo periodo del año anterior, para evaluar cómo está creciendo la empresa en relación con sus resultados anteriores. Del mismo modo, si las cosas en tu vida están mejor que antes, tienes el mejor modo de vida posible, una vida que mejora y crece. Tal como hemos dicho anteriormente en este libro, no puedes decir mucho de tu propia vida si te fijas en las vidas de los demás. Por eso es tan importante crecer. La vida cambia constantemente. La naturaleza del cosmos es cambiante. Por eso, aunque podamos crear las circunstancias para la felicidad absoluta, sólo podemos esperar que cambien éstas. La verdadera felicidad es la capacidad de crecer con estos cambios.

En última instancia, creamos una verdadera felicidad por desarrollar al máximo nuestra vida. El intentar ser otra persona o lo que piensas que otra persona quiere que seas, es un modo seguro de sufrir. Sé quien eres y hazlo bien. Quédate donde estás y hazlo bien. Si creces y avanzas continuamente, tendrás la mejor vida del mundo porque sabrás que mañana estarás, siempre, mejor que hoy.

Los inconvenientes de las expectativas

Las expectativas son importantes. Los investigadores indican que los niños sólo se desarrollan en la medida de las expectativas de los adultos que les rodean. Pero las expectativas también pueden destruir relaciones perfectamente buenas. Tenemos expectativas sobre los demás. Esperamos que sean buenos maridos, buenas esposas, buenos hijos, buenos amigos, buenos jefes, etc. Estas expectativas son muchas veces demasiado altas e irreales, mucho más elevadas que las expectativas que tenemos sobre nosotros mismos.

Imaginemos una relación en la que se han agotado las pasiones iniciales. La luna de miel ha terminado. Ahora la novia y el novio están descubriendo que su pareja no es perfecta. Digamos que está bien en un ochenta por ciento. Los cónyuges tienen fallas e imperfecciones, como los tenemos todos. Como se preocupan por el otro y por su felicidad, juntos, quieren y esperan que el otro haga todo mejor, quieren mejorarse a sí mismos. Cada uno espera que sea el otro el que se acerque para llenar el vacío y ser la pareja ideal.

Motivados por su amor, uno empieza por decirle al otro del modo más cariñoso y atento posible sobre el veinte por ciento que falta. Cada uno cree que el amor que hay entre ambos le motivará para esforzarse y llenar el vacío. Como les motiva su amor, con las mejores intenciones, se sorprenden al descubrir que después del periodo inicial de respuesta positiva, las cosas empeoran progresivamente. ¿Por qué? ¿Dónde está el amor?

¿Te suena esta situación? ¿Conoces alguna pareja que empezó muy enamorada pero terminó poco después en un amargo divorcio? ¿Cómo le ocurre esto a la gente? Aunque cada caso es distinto, aquí hay como mínimo un engaño sutil en juego, un engaño que pone en tela de juicio todas las relaciones que tenemos con quienes nos importan: hijos, familia o amigos. El problema es que aunque nos mueva la mejor de nuestras intenciones, la otra persona suele oír de nosotros una retahíla constante de crítica y decepción, que no resulta en absoluto alentadora. En lugar de ser el amor de nuestro corazón, la otra persona se vuelve fría e incluso rebelde. El problema es que aunque nuestro corazón está en el lugar correcto, nos falta sabiduría. Al estar motivados por el amor, pero careciendo de sabiduría, la respuesta a nuestro esfuerzo es justo lo contrario de lo que esperábamos. Una vez que empieza esta tendencia descendente, por desgracia, rara vez es difícil invertirla.

Las personas no responden bien a las críticas y la negatividad constante. ¿Significa esto que debemos conformarnos con menos? No, significa, una vez más, que estamos intentando cambiar a quien no debemos. Si queremos que la gente haga más, tenemos que elogiar y apreciar lo que ya hacen por nosotros. Dicho de otro modo, deberíamos prestar atención al ochenta por ciento que se está produciendo y ¡No al veinte por ciento que falta! A la gente le gusta recibir elogios y aprecio y hará todo lo posible por conseguirlos. Si haces de estos dos puntos la base de todas tus relaciones, la influencia será grande y alentadora. Para el jardinero de relaciones, estas son como la luz del sol y el agua. La gente se esforzará y mejorará cuando sean elogiados y apreciados.

La crítica y la desilusión crean un ambiente oscuro, un jardín donde las relaciones no pueden prosperar. Es un craso error pensar que los demás se sentirán motivados mediante la crítica. Nichiren escribió: "Cuando alguien recibe un elogio, no piensa en su riesgo personal, pero si recibe críticas puede provocar su propia ruina de un modo insensato. Así es cómo funciona un mortal común".

El trabajo y la carrera

El trabajo y las relaciones que entablamos en él son una escena importante de la lucha por alcanzar la Budeidad. En cierto modo, los asuntos de la vida y el trabajo son el terreno donde poner a prueba la práctica personal. La carrera que alguien elige tiene poco que ver con su felicidad. La diferencia no está en lo que hacemos para ganarnos la vida sino en cómo lo hacemos y si nos sentimos útiles y encontramos un significado a nuestro trabajo. Por lo tanto, si invocamos la Ley Mística para elegir una carrera profesional acorde con lo que hay en nuestros corazones, si nos atormentamos pensando en la elección de la carrera, no podremos establecer una vida feliz.

Esto no significa que no haya mucha gente infeliz con su trabajo. Sí que la hay. Pero no hay que echarle la culpa al trabajo, sino a quienes muestran actitudes y creencias sobre el trabajo que no les dan la felicidad ni les llenan.

Tsunesaburo Makiguchi, el primer presidente de Soka Gakkai (la organización laica de Budistas de Nichiren en Japón; véase el capítulo 8 para obtener información sobre la organización estaunidense, la SGI-USA), enseñaba que hay tres tipos de valor: belleza, beneficios y bien. El trabajo perfecto tendría los tres. En el mundo laboral, el valor de la belleza significa encontrar un trabajo que te guste, el valor de la economía o los beneficios es un trabajo que te dé un sueldo para mantenerte día a día; el valor del bien significa un trabajo que ayude a los demás y contribuya a la sociedad. El trabajo ideal sería el que a ti te guste; te ofrezca seguridad financiera y te permita contribuir con la sociedad. Suena maravilloso. Pero pocas veces se consigue. Pocos pueden encontrar el trabajo perfecto desde el principio. Hay quienes tienen un trabajo que les gusta, pero no les permite vivir de él; o está bien pagado, pero lo odian. Así son las cosas a veces. Por otra parte, algunos descubren que no están hechos para la carrera con la que soñaron y a la que aspiraron.

Lo más importante para sentirte satisfecho en el trabajo es hacerte indispensable allí donde estés. El mejor modo de encontrar el mejor trabajo es convertirte en el mejor empleado. No son las circunstancias adecuadas lo que hace buena a la gente, sino que es la gente buena la que consigue crear un ambiente de trabajo adecuado. Si aprendes a ser ejemplar en el trabajo, las oportunidades se presentarán solas, abriéndote un camino hacia la siguiente fase de tu vida, durante la cual habrás de seguir dándolo todo. Estos esfuerzos constantes garantizarán empleos que te gusten, que respalden tu vida y que te permitan contribuir con tu sociedad. Más tarde, cuando mires hacia atrás, verás que tus esfuerzos pasados se han convertido en maravillosos activos para tu campo ideal. Te darás cuenta de que tus esfuerzos y dificultades no han sido en vano.

En el ámbito inmobiliario se dice que las tres cosas más importantes son la ubicación, la ubicación y la ubicación. Pues bien, para encontrar la felicidad en el trabajo las tres cosas más importantes son la actitud, la actitud y la actitud. Al primer principio importante para triunfar en el trabajo, hacerse indispensable, habría que añadir otro más: crear armonía en el trabajo. Cuando trabajas en una empresa, que es como una sociedad o comunidad de por sí, es importante crear relaciones armoniosas con todos tus compañeros, incluso con tus superiores y subordinados, utilizando la sabiduría y la discreción en todo momento. Si no les agradas a tus compañeros por egoísta, serás un perdedor en el trabajo y en la sociedad. La sabiduría, que implica tacto, es fundamental para triunfar en el trabajo.

La experiencia de Brandon: "el mal karma del dinero"

Hace varios años, Brandon, un joven de treinta años, pidió consejo a un compañero budista para cambiar lo que denominaba su "mal karma del dinero". Estaba desesperado. Había dejado su trabajo hacía poco y estaba a punto de perder su casa, y su mujer estaba pensando en irse con los niños por su irresponsabilidad financiera. Tenía muy claro que necesitaba un trabajo — un trabajo que le diera mucho dinero — immediatamente. Quería saber cómo orar. Le habían dicho que invocar Nam-myojo-rengue-kyo no era una fórmula mágica como abracadabra (aunque a veces lo parezca). Ése sería el cuento de hadas del budismo. Esta noticia le sorprendió y decepcionó un poco. Le preguntaron sobre su experiencia laboral y cómo había entrado en esa crisis. Admitió que le costaba mantener un trabajo mucho tiempo. Había tenido ocho empleos en menos de diez años. "¿Por qué tengo este mal karma del trabajo?", se preguntaba. "Los trabajos que consigo parecen estar bien al principio pero luego, por alguna razón, nunca funcionan. ¿Cómo puedo orar para conseguir un trabajo mejor que me dure?"

Siempre le habían echado o se había ido él, motivado por la actitud de un jefe. Sencillamente, no se llevaba bien con ellos. ¿Veía Brandon alguna constante en estos sucesos? "Sí, claro", dijo: "Lo que quiero saber es por qué tengo este mal karma de los jefes. Todos los que he tenido hasta ahora han sido autoritarios y era imposible trabajar con ellos. ¿Cómo puedo invocar para conseguir un jefe mejor?"

Brandon era programador informático muy calificado con excelentes credenciales. Su confidente budista le contó cómo el yo inferior destruye la armonía de las relaciones, y le explicó que una de las virtudes más importantes de un buen empleado es la capacidad para trabajar con otros y recibir instrucciones de los supervisores (que controlan las nóminas directa o indirectamente).

Su consejero le dijo que la constante de trabajos perdidos, malos jefes e inestabilidad financiera era el síntoma de una persona que no puede salvar las diferencias para trabajar con otros. A pesar de que era una opinión dura, fue capaz de reconocer su naturaleza arrogante y furiosa y admitió que tenía este problema desde niño. Luego dijo: "He estado pensando en crear mi propio negocio. Así no tendré que trabajar para nadie. ¿Cómo puedo invocar para eso?" Le advirtieron de que para tener tu propio negocio necesitas todavía más don de gentes. Ya sea que abriese su propio negocio o trabajase para otros, tenía que superar su egocentrismo y aprender a respetar a los demás; debía superar su arrogancia. Si lo conseguía, podría transformar su situación laboral y resolver sus problemas en casa, ya que se debían al mismo motivo.

Su amigo budista también le advirtió que seguramente se enfrentaría a otra situación laboral donde sentiría que no funcionaba y querría dejar el trabajo o enfrentarse a la dirección (su comportamiento habitual). Le dijo que cuando sucediese, no debía actuar, sólo esperar y orar.

En efecto, tres meses después, Brandon estaba dispuesto a dejar otro empleo. Su mentor le pidió que pospusiese esa decisión dos semanas y, mientras, ejercitase la práctica budista con la determinación de controlar su arrogancia respetando y escuchando a su jefe. Le animó a Brandon a esforzarse por hacerse indispensable. Siguió estos consejos y, para su sorpresa, en lugar de echarle, le promocionaron. Al encontrar estabilidad en el trabajo, su situación financiera empezó a mejorar, se reconcilió con su mujer y, al final, compraron una casa nueva. Todo esto no ocurrió "milagrosamente" de la noche a la mañana. Fue el resultado de un cambio interior, conseguido mediante la práctica budista, que se manifestó gradualmente en el entorno de Brandon. Éste es el poder de la revolución humana.

Las relaciones nos ayudan a desarrollarnos

Todas nuestras relaciones tienen una base común: nosotros mismos. Nuestra condición de vida interna afectará todas nuestras relaciones. Por lo tanto, lo que aprendamos durante una relación se aplicará a las demás. Del mismo modo que los tres venenos —avaricia, ira e insensatez— se manifestarán en todas nuestras relaciones, éstas también mejorarán si purificamos nuestra vida mediante la práctica budista. Lo que entre en juego en un ámbito también se notará en los demás.

Los individuos que se propongan desarrollar familias felices y armoniosas verán, también cómo los beneficios de sus esfuerzos se reflejan en mejoras laborales. Del mismo modo, quienes aprendan a superar el yo inferior y egoísta en el trabajo, obtendrán una buena recompensa en el hogar.

La práctica budista consiste en desarrollar el carácter. Y las relaciones son el foro, el aula, donde podemos aprender cómo hacerlo.

EL BUDISMO
Y
LA SALUD

La salud es tan importante para todas
las obligaciones y los placeres de la vida,
que desaprovecharla es una locura.

—Samuel Johnson

Nam-myojo-rengue-kyo es como el rugido
del león. ¿Qué enfermedad puede ser entonces
un obstáculo?

—Nichiren

AUNQUE EL BUDA SHAKYAMUNI no era médico, muchas veces le llamaban "el gran rey de la medicina". Mediante la meditación, consiguió darse cuenta de que la iluminación, o budeidad, es la mejor medicina, porque gracias a sus virtudes sacamos la sabiduría interior y la fuerza vital necesaria para curar nuestras enfermedades físicas y mentales. Por lo tanto, el principal objetivo de la medicina budista es ayudar a los individuos a desarrollar sus poderes naturales de autocuración cultivando la budeidad mediante la práctica budista.

Esta visión está cada vez está más generalizada entre los practicantes del budismo. El preámbulo de la carta de la Organización Mundial de la Salud afirma: "La salud es un estado de completo bienestar físico, mental y social, y no solamente la ausencia de afecciones o enfermedades".

Somos todos seres humanos, hechos de carne y sangre. Es indudable que nadie puede evitar caer enfermo de un momento a otro. Pero las raíces de la enfermedad están en lo más profundo de nuestro ser. Desde la perspectiva budista, la enfermedad no puede destruir nuestra felicidad (a menos que lo permitamos) y como llevamos dentro la causa de la enfermedad, la solución de la misma también se encuentra dentro de nosotros y es importante recordarlo. Por lo tanto, no existe razón alguna para que la enfermedad nos controle y mucho menos para llenarnos de sufrimiento, miedo o angustia.

El budismo nos enseña que poseemos la capacidad no sólo de transformar lo negativo en un estado neutro sino de ir más allá y alcanzar un estado positivo. Podemos superar el sufrimiento de la enfermedad y comprender que la experiencia de la enfermedad no sólo enriqueció nuestra vida sino que valio la pena, al darnos material para que el gran drama de la satisfacción se desarrolle día tras día.

Helen Keller escribió en su autobiografía, *La historia de mi vida*: "Todo tiene sus maravillas, hasta la oscuridad y el silencio, y aprendí a conformarme con eso, cualquiera que fuera el estado en que me encontrara". Del mismo modo que la verdadera felicidad no es sólo la ausencia de problemas, sino un estado de vida interno que nos permite retar cualquier obstáculo que se atraviese en nuestro camino para lograr la felicidad, la salud no es sólo la ausencia de la enfermedad. Es más bien un estado de vida interior que nos permite vencer la enfermedad y los obstáculos relacionados con nuestra salud. Lo importante es si vencemos la enfermedad cuando llega o si ésta es la que nos vence. El budismo nos muestra la fuente de la sabiduría y la fuerza vital necesaria para derrotar la enfermedad. Debido a que tanto la salud como la enfermedad existen en nuestro interior, como una posibilidad, podemos provocar nuestra enfermedad o nuestra salud. Hace unos años estuvo en las noticias una historia que ilustra esta verdad.

Durante un partido de fútbol en una escuela secundaria, varias personas enfermaron con síntomas de envenenamiento. La investigación inicial parecía indicar que se debió a unos refrescos contaminados. Se cerró la cafetería y se alertó a todas las personas que no bebieran bebidas gaseosas. Poco después de este anuncio, todos los espectadores del estadio empezaron a vomitar y a desmayarse. Muchos dejaron rápidamente sus asientos para ir a ver a sus médicos o a la salas de emergencias. Más de cien personas fueron hospitalizadas.

Al día siguiente, se descubrió que los refrescos no tenían nada que ver con la enfermedad de los pacientes iniciales, sólo habían contraído una especie de gripe. En cuanto se propagó esta información, los espectadores enfermos se curaron "por milagro". Sus síntomas desparecieron de repente y hasta los que estaban hospitalizados, se levantaron de la cama y se fueron. El culpable no era un agente patógeno; fue simplemente la idea expresada en palabras lo que tuvo un efecto inmediato y espectacular tanto para manifestar la enfermedad como para provocar su recuperación.

En otro ejemplo, un hombre joven con una práctica budista fuerte y un tratamiento médico excelente se recuperó de un cáncer, no una sino dos veces. Cuando apareció el cáncer por tercera vez en la sangre, le dijeron que era incurable. No le daban más que unos meses de vida. Aunque había superado el cáncer dos veces, este pronóstico era demasiado para él y su salud empezó a empeorar rápidamente. Sus amigos, su familia y hasta sus médicos pensaban que se estaba muriendo. Pero, sorprendentemente, descubrieron que se habían confundido las muestras de sangre. Le dijeron que no había ni rastro de células cancerígenas en su cuerpo. Enseguida se curó y recuperó la fuerza.

Éste es el poder de creer, lo que puede ocurrir cuando nos dejamos influenciar por el diagnóstico de la enfermedad y lo que puede ocurrir al reunir las fuerzas necesarias para superarla cuando nos recuperamos.

Una demostración parecida del poder de creer es lo que se denomina el efecto placebo. Las investigaciones médicas demostraron hace mucho que las sustancias inertes pueden tener un efecto positivo en pacientes si creen que están recibiendo una medicación eficaz. En numerosos estudios, un porcentaje considerable de pacientes que reciben pastillas de azúcar en lugar de medicamentos muestran síntomas de recuperación. Cabe destacar que, cuando se les dice qué efectos sentirán con la medicina, mostrarán esos mismos efectos.

La visión budista de la enfermedad

Para mantener una buena salud y superar la enfermedad primero tenemos que comprender nuestra propia naturaleza. La enfermedad puede constituir una oportunidad para formar una base aún más sólida de la felicidad provocando en nuestra vida cambios importantes, si bien muchas veces difíciles. Tal como escribió Nichiren: "La enfermedad da lugar a la determinación de alcanzar el camino".

Esto no significa que renunciemos a la medicina

moderna para buscar un tipo de cura autodirigida. Sin embargo, el budismo de Nichiren sugiere tres normas para curar la enfermedad: ver a un buen médico, recibir buenos medicamentos y ser un excelente paciente. Cuando habla de ser excelentes pacientes, Nichiren se refiere al estado de ánimo del paciente y plantea practicar Nam-myojo-rengue-kyo para purificar y elevar nuestra condición de vida. Nichiren escribió: "Nam-myojo-rengue-kyo es como el rugido del león. Por lo tanto, ¿Qué enfermedad puede ser un obstáculo?"

Nam-myojo-rengue-kyo es la fuente de la sabiduría que nos permite encontrar al médico adecuado y conectarnos a nuestra fuerza interior que hará que el medicamento funcione. Invocar Nam-myojo-rengue-kyo es, en sí, sanar la energía.

El proceso de curación empieza por fortalecer la confianza en ti mismo para decirte: "Puedo vencer mi enfermedad. Puedo convertir el veneno que hay en mi cuerpo en medicina". Si nuestra condición de vida es de derrota, la enfermedad vencerá ante nuestra voluntad de curarnos. Si es de desafío, habremos maximizado las posibilidades de recuperación.

La visión científica:
la inseparabilidad de la mente y el cuerpo

Existe amplia evidencia científica de que hay una relación fuerte e inseparable entre el funcionamiento de la mente y el cuerpo. La creencia en la dualidad del cuerpo y la mente, ejerció gran influencia en la ciencia médica hace algunos años, dando paso gradualmente a una perspectiva más profunda, una visión muy similar al punto de vista budista sobre la inseparabilidad del cuerpo y la mente.

En realidad, la palabra japonesa que aquí se traduce como "inseparabilidad" se entiende mejor como "dos pero no dos" (véanse las páginas 76-78), en el sentido de que, mientras que la mente y el cuerpo parecen en cierto modo dos fenómenos distintos, en un sentido más profundo, no son dos sino uno.

¿Cómo funciona la inseparabilidad de mente y cuerpo? Los científicos han descubierto que los estímulos del entorno los procesa el cerebro y desencadena reacciones bioeléctricas y bioquímicas en el cuerpo, lo cual a su vez desencadena el comportamiento. En el caso de la enfermedad, la secuencia funciona más o menos así:

Cuando el cerebro percibe y procesa un estímulo exterior (consciente e inconscientemente), este proceso está fuertemente influido por creencias, ideas y expectativas personales. Esto provoca una reacción biológica compleja (por ejemplo, en el hipotálamo, una reacción neuroendocrina y la liberación de hormonas) que afecta a la respuesta inmunológica del cuerpo determinando la "capacidad" para hacer frente a la enfermedad. Esto provoca síntomas físicos, además, el comportamiento y la experiencia real de la enfermedad: enfriamiento, dolor de cabeza, músculos entumecidos.

Dado que las ideas, las expectativas y las creencias tienen un efecto poderoso en el funcionamiento del cuerpo, el pensamiento distorsionado (la ilusión) tendrá forzosamente un fuerte impacto en la salud y la capacidad para superar la enfermedad.

Los psicólogos han identificado diversas visiones de la vida que pueden minar la salud, dificultar la capacidad del cuerpo para vencer la enfermedad y generar enfermedades psicológicas y espirituales como la depresión, la ansiedad y el miedo. Entre ellas cabe destacar: responsabilizar a los demás de tu propio dolor, interpretar aquellos pensamientos y acciones de los demás que no puedes conocer de un modo negativo para ti, o creer que los demás piensan más en ti de lo que en realidad piensan, y sacar conclusiones fatalistas, generalmente, basadas en hechos específicos o en una información limitada.

De este modo, además del tratamiento médico, es fundamental cambiar de mentalidad para superar la enfermedad. No sólo hay que proponerse identificar el pensamiento distorsionado sino cambiar el modo de pensar y llevar a cabo un cambio de estos paradigmas. La práctica budista nos permite realizar este cambio.

La visión budista de la mente y el cuerpo

Desde un punto de vista budista, para gozar de buena salud primero hay que comprender la verdadera naturaleza de la relación entre mente y cuerpo. La enfermedad no es solamente un fenómeno físico, también puede reflejar un desequilibrio espiritual en nuestra vida.

El budismo ha explicado durante miles de años la relación entre mente y cuerpo de un modo muy similar a las investigaciones médicas actuales. Tal como indicaba el profesor chino T'ient'ai (véase el primer capítulo), existen cinco componentes que nos hacen únicos: (1) forma (cuerpo), (2) percepción, (3) concepción, (4) volición y (5) conciencia. Tenemos una única forma. Cada uno vemos las cosas de un modo subjetivo y extraemos conclusiones enfrentadas, a veces, con las de otros que experimentan los mismos fenómenos.

Actuamos sobre la base de estas conclusiones. Todo esto está fuertemente influido por el grado en que conocemos la realidad de las cosas.

Por ejemplo, una mujer va andando por un callejón oscuro a altas horas de la noche y percibe un objeto blanco ligero en un árbol. Enseguida se da cuenta de lo que es y piensa: "Anda, mira, a alguien se le ha caído una ropa del tendedero". Poco después, un hombre pasa por el mismo árbol de noche, le entra pánico al pensar que es un fantasma, le da un ataque al corazón y cae muerto. ¿Qué lo mató? Seguro que no fue la ropa que había caído en el árbol. Fue su percepción equivocada de la situación, la conclusión de que estaba en peligro, el deseo de escapar, una subida repentina de la adrenalina mas la presión sanguínea y el efecto que todo esto tuvo en su bienestar físico.

En el budismo, tratamos de sustituir la visión distorsionada de la vida por la sabiduría. Según escribió Daisaku Ikeda en *Develando los misterios del nacimiento y la muerte*:

La manifestación de la naturaleza de Buda en nuestro modo de vida bloquea la aparición de las tendencias negativas y destructivas originadas en los Deseos Mundanos y nos permite unificar armoniosamente a las cuatro funciones espirituales de la percepción, concepción, volición y

conciencia. Es más, la manifestación de la naturaleza de Buda en nuestra vida crea armonía en el
plano de la forma y, mediante el equilibrio correcto
de los cuatro elementos, nuestra vida puede
tornarse fuerte y vibrante. Este es el ideal budista
de la buena salud.

En otras palabras, mientras invocamos Nam-myojo-
rengue-kyo, extraemos de nuestra vida la condición de
Buda, que está llena de sabiduría y misericordia. Podemos también reflejar de manera positiva nuestras creencias y nuestras acciones, lo cual nos permite ajustar y
reformar nuestra vida. Romper la cadena kármica negativa de pensamiento y acción al establecer una dirección
positiva de afirmación. Nuestra condición de vida
cambia las tendencias negativas en positivas.

Para tener un cuerpo y una mente sanos es fundamental tener una condición de vida sana. Nichiren escribió:
"La inseparabilidad del cuerpo y la mente es un modo de
vida supremo".

Por lo tanto, la clave radica en deshacernos de nuestros de puntos de vista equivocados sobre la vida. De
nuevo, citando a Nichiren: "Por lo tanto, debes reformar
rápidamente los principios que rigen en tu corazón y
abrazar el único vehículo verdadero, la única doctrina

correcta [del Sutra del Loto]... Si lo haces, tu cuerpo encontrará la paz y la seguridad y tu mente estará tranquila y sin sobresaltos". Es esencial lidiar contra las ilusiones que debilitan nuestra capacidad para combatir la enfermedad con el fin de desarrollar y mantener una buena salud. Aunque la ciencia está empezando a reconocer la relación entre nuestra visión espiritual y nuestra salud, el budismo lleva miles de años tratando esta idea. Concluye que podemos extraer la medicina curativa de nuestra propia vida.

Todos encerramos los grandes tesoros del Estado de Buda: sabiduría, misericordia y valor. Cuando recurres a este armario de medicamentos, eres realmente el Buda del espejo. En términos médicos, todos los seres humanos son a la vez una fábrica farmacéutica—capaces de crear las medicinas que necesitamos para prevenir la enfermedad—y un almacén con todas las emociones humanas positivas que afectan nuestra capacidad para combatir la enfermedad. ¿Cuál es la clave para abrir este almacén? Invocar Nam-myojo-rengue-kyo.

La experiencia de Albert: La victoria sobre el HIV, un misterio de la medicina

Albert nunca olvidará la tarde del 20 de febrero de 1986. Al salir del trabajo, iba de camino a casa y se detuvo para comprar vegetales. Al salir de la tienda, le atacaron y le clavaron una jeringuilla dos veces en el muslo y una en el cuello. Todo para llevarse cinco dólares y unas monedas.

Lo llevaron al hospital y vendaron sus heridas. Como le habían clavado una jeringuilla, el médico sabía que era posible que estuviera infectado con HIV pero lo único que podía hacer era animarlo a que se cuidara y se hiciera revisiones periódicas.

Trece años más tarde, descubrió que tenía HIV en la sangre. Cuando lo supo, entró pánico y le preocupó no poder hacer frente a la enfermedad. ¿Cuánto tiempo le quedaría de vida? ¿Podría tomar las medicinas y soportar los efectos secundarios?

En años subsiguientes al atraco comenzó a practicar el budismo de Nichiren Daishonin. Ahora invocaba con mayor intensidad por su salud física y bienestar. El aliento constante de sus compañeros budistas lo estimularon a esforzarse más en la práctica, mediante la cual pudo mantener la confianza, el valor y el ánimo para afrontar su enfermedad. Aunque, evidentemente, atravesó momentos oscuros, Albert permaneció positivo y esperanzado. Estaba decidido a superar la enfermedad. Con el tiempo, lo diagnosticaron con Sida y poco después lo hospitalizaron con neumonía. Adelgazó de 160 a 119 libras. Su médico le recetó tres medicamentos. Hizo su propia investigación y empezó a comer sano y a beber varias infusiones de hierbas que reducían los efectos secundarios. Durante este difícil periodo le digo a su médico que tenía dos objetivos: volver a pesar 160 libras y reducir la carga viral (la cantidad de virus HIV que había en su cuerpo) hasta que no pudiera detectarse, todo ello en dos meses. El médico le advirtió que tardaría como mínimo de seis a ocho meses, si es que vivía para entonces. Siguió luchando contra la enfermedad mediante la práctica budista. Para lograr su objetivo, invocaba Nam-myojo-rengue-kyo una hora al día como mínimo, asistía a reuniones budistas y estudiaba las escrituras y enseñanzas de Nichiren cada noche. Mediante estas acciones, adquirió más seguridad y con ellas la determinación para transformar su situación. Además, determinó curarse para demostrarle a los demás que podían hacer lo mismo. Sentía un nuevo control sobre su destino. Sus compañeros de fe se unieron a él y oraron juntos durante muchas veces a lo largo de este periodo.

Tres meses después se hizo otro análisis de sangre. Efectivamente, ¡no podía detectarse la carga viral! Pesaba 140 libras. Cinco meses después, seguía sin detectarse la carga viral, y pesaba 163. Tres médicos distintos le dijeron que médicamente era imposible. Pero ocurrió. Albert no tenía ninguna duda de que la práctica budista le había salvado la vida, le dio fuerza interior y la determinación, contra muchas probabilidades, para luchar y ganar.

Resistir el estrés

¿Son realmente tan importantes las emociones positivas en la lucha entre salud y enfermedad? ¿existen pruebas científicas que demuestren lo que postula firmemente el budismo? Existen muchas evidencias, y cada vez hay más. Pongamos un ejemplo.

En el *American Journal of Community Psychology 6*, la psicóloga Barbara Dohrenwend describe tres modos de reaccionar al estrés: (1) El crecimiento psicológico como resultado de un acontecimiento estresante en la vida; la persona madura, sus valores y aspiraciones cambian o aprende una conducta nueva que le ayudará a superar acontecimientos parecidos en el futuro; (2) No se

produce ningún cambio psicológico sustancial y perma-
nente: la persona reanuda su vida sin ninguna diferencia aparente; y (3) Se desarrolla una psicopatología
persistente que hace que la persona no se adapte a situaciones difíciles.

Según Dohrenwend, es probable que los más vulne-
rables a un resultado de mala adaptación sientan que sus
propios recursos o los del entorno no son suficientes para
atender las exigencias del acontecimiento estresante. Según el budismo, un "resultado de mala adaptación" es
un comportamiento basado en la idea equivocada de que
somos incapaces de provocar un cambio en nuestras circunstancias.

Es importante destacar la idea de Dohrenwend de que
uno de los posibles resultados de una enfermedad es el
crecimiento psicológico positivo. El modo de responder
a la enfermedad determina si ha hecho que seamos mejores, si no ha cambiado nada o si nos ha vencido.

Se han identificado varios rasgos de la personalidad
(creencias y actitudes) que pueden facilitar el proceso de
afrontar el estrés de un modo positivo. Kathleen H. Dockett, profesora de psicología en la Universidad del Dis-
trito de Columbia, escribe en su folleto *Resources for
Stress Resistance: Parallels in Psychology and Buddhism*

[Recursos para resistir al estrés: Paralelismo entre la psicología y el budismo], acerca de la identificación de un "tipo de personalidad de resistencia al estrés que consta de tres factores: compromiso, control y desafío. Básicamente, las personas fuertes son las que (1) están fuertemente comprometidas consigo mismas y con las actividades de su vida diaria, (2) consideran que pueden controlar los acontecimientos que experimentan, y (3) ven la vida como un reto apasionante para el crecimiento constante y no como una amenaza".

Dockett concluye que estas virtudes son algunas de las que se identifican y cultivan mediante la práctica budista, virtudes que están almacenadas en la torre del tesoro denominada vida humana. Por lo tanto, Dockett escribe:

El budismo de Shakyamuni, cuya enseñanza suprema es el Sutra del Loto, fue seleccionada por Nichiren Daishonin, empezó hace 3.000 años en la India y en psicología, hace poco más de 100 años. Sin embargo, la profunda sabiduría del budismo ha conocido y utilizado durante mucho tiempo lo que la investigación psicológica ha aprobado hace muy poco como enfoques excelentes para el desarrollo del bienestar psicológico. Este precedente demuestra que el budismo tiene mucho que ofrecer para el desarrollo del potencial humano, que va mucho más allá del tópico de la resistencia al estrés.

La experiencia de Steve: La superación de la enfermedad de Hodgkin

Justo después de cumplir los cuarenta, la salud de Steve, que durante toda su vida había sido buena, sufrió un rápido deterioro. Los síntomas eran un dolor de espalda agudo, sudoración, catarros, náuseas y cansancio. Le dieron un pronóstico desolador al ser diagnosticado con el linfoma de Hodgkin en cuarta fase .

Se le habían formado tumores cancerígenos detrás de la oreja, a ambos lados del cuello, y en el esternón y el abdomen. Tenía un tumor del tamaño de una pelota de golf en la columna vertebral. Un equipo de oncólogos le recomendó un tratamiento de quimioterapia agresiva en seis ciclos. Llevaba unos trece años practicando el budismo. Sabía que emprendía una lucha entre la vida y la muerte con su enfermedad y con los efectos secundarios de la quimio, y empezó a invocar Nam-myojo-renguekyo cada mañana y cada noche para reforzar su sistema inmunológico.

Después de cuatro meses de tratamiento, su estado empeoró. Como tenía fiebres fuertes y su sistema inmunológico corría peligro, lo hospitalizaron. Sintió que la muerte se acercaba rápidamente y empezó a invocar Nam-myojo-rengue-kyo con todas las fuerzas que le quedaban.

Al segundo día de estar hospitalizado, por la mañana temprano, luego de orar durante muchas horas, le bajó la fiebre y se sintió revitalizado. Unos días después le hicieron un escáner CT. Curiosamente, no había rastro del cáncer.

Lleva desde 1987 sin cáncer y con una salud perfecta. El equipo de médicos que trabajaba en su caso estaba muy impresionado por la capacidad que tuvo para fortalecer su sistema inmunológico mediante la práctica del budismo de Nichiren y eliminar el cáncer de su cuerpo.

¿Quién se cura?

Muchos piensan que el tratamiento de la enfermedad debe dejarse totalmente en manos de los médicos. Aunque es cierto que debemos confiar en la ayuda de los médicos, si depositamos demasiadas esperanzas en el poder de los demás, corremos el riesgo de perder nuestra propia capacidad, de debilitar nuestra fuerza interior. El mejor modo de responder a la enfermedad es darnos cuenta de que nosotros no sólo somos el paciente sino también el doctor. El budismo nos pide que seamos excelentes pacientes, que encontremos médicos excelentes y que formemos un equipo unido. Pero somos los capitanes quienes debemos encontrar nuestra propia salud. Al final, según el budismo, lo que cura la enfermedad es nuestra fuerza vital. Los buenos médicos y la buena medicina pueden respaldar esta función, pero no pueden sustituirla. Y Nam-myojo-rengue-kyo es la fuente de esta fuerza vital. Se dice que Nam-myojo-rengue-kyo es la mejor medicina que jamás han descubierto los seres humanos, y un Buda es el mejor médico.

Shakyamuni cuenta una parábola que se encuentra en el Sutra del Loto e ilustra esta verdad, titulada "El médico y sus hijos enfermos".

Un excelente médico, al volver a casa después de viajar al extranjero, descubre que todos sus hijos se han envenenado y se están retorciendo en el suelo de dolor. Enseguida prepara una excelente medicina que les aliviará del sufrimiento y se la ofrece. Algunos, contentos de que su padre haya regresado, toman enseguida la medicina y se curan. Otros, sin embargo, deliran por el dolor, no reconocen a su padre y rechazan la medicina. Cuando al final lo reconocen, toman la medicina y también se curan.

Podemos interpretar al médico como el Buda, mientras que nosotros somos los hijos que se retuercen de dolor y sufrimiento por los venenos de la avaricia, la ira y la insensatez. Según Nichiren, la mejor medicina es Nammyojo-rengue-kyo. Quienes la toman pueden superar los sufrimientos de la vida.

Descubriendo nuestra budeidad innata curamos la enfermedad del cuerpo y la mente. Además, la sabiduría de Buda que encontramos al invocar Nam-myojo-rengue-kyo puede ayudarnos a mantener una buena salud o recuperarla.

La experiencia de Susan:
La buena salud empieza por el amor propio

Susan creció en una familia con un padre alcohólico y una madre inestable. Fue víctima de abusos sexuales y físicos y además creció con una autoestima muy baja. Cuando aún era adolescente, se fue de casa para escapar pero casi enseguida se vio envuelta en una relación abusiva y regresó tratando de cuidar de sus dos hijos pequeños. Volvió a irse. Su falta de autoestima se convirtió en odio a sí misma. Se enganchó en la cocaína. Sus hijos fueron acogidos por otra familia. Hizo todo lo posible para superarse, olvidar su vida de miserias y odio a sí misma. La idea de quererse a sí misma le era desconocida. Como es natural, tenía una profunda depresión.

Susan estaba viviendo esta desdicha cuando un miembro de la familia le presentó el budismo de Nichiren y empezó a practicar. Aunque el proceso no se produjo de la noche a la mañana, el estudio budista y la invocación constante de Nam-myojo-rengue-kyo hizo que tomase la determinación de quererse. Empezó a reconocer su propio valor y el de sus hijos.

No era fácil. Nunca había contado con nadie que le apoyase en su entorno más cercano, pero de repente estaba rodeada de gente y de una filosofía que afirmaba constantemente su budeidad fundamental. Invocaba para tener autoestima. Invocaba para amarse a sí misma y para no permitir que le tratasen de un modo degradante. Hizo esfuerzos por ayudar a los demás, a pesar de no sentirse adecuada para esta tarea.

Desde el principio dejó las drogas y empezó a llevar una vida estable. Decidió deshacerse del karma que tenía de atraer los abusos y no transmitírselo a sus hijos, como suele ocurrir. La práctica budista le ha ayudado a

romper la cadena de sufrimiento que se había ido transmitiendo durante muchas generaciones.

Desencadenar el poder que llevamos dentro

Entre las muchas funciones positivas que tiene para la
salud invocar Nam-myojo-rengue-kyo, la Ley Mística,
cabe destacar:

La Ley Mística tiene el poder de abrir el yo. El budismo enseña que, en su origen, cada uno lleva dentro
un depósito infinito de energía. Lo esencial es saber
cómo abrirlo o buscarlo. Con este fin, Nichiren nos
presentaba una llave para abrir esta energía. La invocación de Nam-myojo-rengue-kyo nos permite abrir cada
potencial oculto en lo más profundo de nuestra vida.
Éste ha sido el mayor descubrimiento del budismo. Abre
el depósito del tesoro que llevamos dentro, dándonos acceso a un potencial ilimitado.

La Ley Mística tiene el poder de revitalizar. La
invocación de Nam-myojo-rengue-kyo nos permite
aflorar nuestra fuerza vital. Un poder curativo que se encuentra en nuestro interior. Tiene el poder de revitalizar, refrescar, e incluso reunificar y reestructurar

nuestras vidas. Mediante la invocación de Nam-myojo-rengue-kyo, se abre la posibilidad de una nueva vida. La energía ganada con la invocación y los cambios positivos que podemos provocar con ella son revolucionarios. La práctica del budismo genera una revolución humana, que es exactamente lo que significa "lograr la budeidad". La práctica budista revitaliza nuestras vidas así como nuestros tesoros nos llenan desde adentro.

La Ley Mística tiene el poder de dotar. Por lo tanto, conseguiremos cualquier cosa necesaria para nuestra felicidad. La salud es uno de los muchos beneficios que podemos conseguir mediante Nam-myojo-rengue-kyo.

Ikeda escribe: "En resumen, estas tres funciones de la Ley Mística son: activar nuestra fuerza vital inherente, armonizar nuestras funciones espirituales y físicas, y equiparnos con los recursos necesarios para influir en nuestro entorno del mejor modo posible y a la vez responder a sus infinitos cambios con sabiduría y mantener un equilibrio entre él y nosotros. Cuando basamos nuestras vidas en esta Ley podemos extraer el poder ilimitado que llevamos dentro, de modo que la enfermedad deja de ser un motivo de desesperanza. De hecho, lo contrario es cierto: Dotados de la Ley Mística, podemos transformar la enfermedad en una fuente de alegría y satisfacción". El poder de nuestra vida puede ser infinito. El poder que desatamos mediante la invocación de la Ley Mística es el mayor poder curativo. Ésta es la explosión de la energía curativa que sale desde nuestro interior. La energía curativa también tiene poder para devolver nuestra vida a su estado original. Invoca Nam-myojo-rengue-kyo. Busca el enorme potencial de la vida. Busca tus recursos interiores en la batalla contra la enfermedad. Éste es el camino budista que da una vida larga y una buena salud.

SIETE

AFRONTAR LA MUERTE

SIETE

TAR RTE

Aunque en épocas anteriores eran
directos al hablar sobre la muerte pero
reticentes a hablar de sexo, hoy en día
somos locuaces hasta el aburrimiento
hablando de sexo, pero reticentes a hablar
de la muerte como un hecho de la vida.

—George F. Will

No me asusta la muerte. Sencillamente,
no quiero estar ahí cuando se produzca.

—Woody Allen

CUANDO PENSAMOS en la visión budista de la muerte, enseguida pensamos en la reencarnación: en renacer como otra persona (esperamos que más rica o más guapa), o en convertirnos en un animal e incluso en un insecto, según lo virtuosos o viles que hayamos sido en la vida. Ésta es una visión popular, pero es casi una versión del pensamiento budista propia de dibujos animados. Los seguidores de Nichiren, que ascienden a más de doce millones en todo el mundo, rara vez se sientan a hablar de sus vidas anteriores.

El budismo es razón, y la práctica del budismo no requiere grandes saltos de fe. Lógicamente, nadie puede saber lo que hay después de la muerte, porque nadie vuelve para contarlo. Así que el tema de la reencarnación se queda en el ámbito de lo místico: aquello que, con el estado actual de desarrollo del conocimiento humano y la ciencia, no puede entenderse o explicarse totalmente. Por lo tanto, es importante hacer hincapié en que no es necesario creer en la reencarnación para iniciar una práctica budista.

Aunque los detalles específicos del renacimiento, en qué forma y cuándo se producen son desconocidos, en última instancia, el budismo que se describe en este libro destaca la importancia de tener una visión de conjunto: el descubrimiento de la eternidad de la vida dentro de uno mismo. En este budismo, el reto que presenta el tema de la muerte es encontrar la manera más valiosa de vivir. Ya que al final todos moriremos, ¿para qué vivimos? Si hemos vivido antes, ¿por qué no podemos recordar nuestras vidas anteriores? Si la vida es eterna, ¿en qué forma seguiremos existiendo después de morir?

El budismo responde a estas preguntas importantes de un modo que, al menos, es capaz de borrar el miedo a la muerte y, quizás, incluso da la confianza necesaria para afrontarla. El budismo empezó tratando la cuestión del sufrimiento humano. Sin embargo, el budismo no habla del sufrimiento para oscurecer nuestros corazones, sino que trata este aspecto difícil para iluminarnos. Los temas principales que abordó el Buda Shakyamuni eran los cuatro sufrimientos universales del nacimiento (es decir, la existencia diaria), la vejez, la enfermedad y la muerte. Ningún ser humano está exento de estas fuentes de sufrimiento. Puede decirse que los tres sufrimientos fundamentales están relacionados con el sufrimiento esencial de la muerte.

Tal como escribió Daisaku Ikeda: "El hombre es el único ser consciente de su muerte mucho antes de morir, y el único que tiene el privilegio de vivir con esta conciencia. Todos los demás seres son igualmente mortales, pero llegan a la muerte solamente con una conciencia mínima de esta realidad. Al respecto, el hombre está dotado con una prerrogativa especial para aprehender su propia muerte y, por ende, puede quedar paralizado por el miedo y la preocupación".

Ningún ser vivo puede escapar a la muerte. Ésta puede extender una sombra oscura sobre el corazón humano, recordándonos muchas veces la naturaleza finita de la existencia. Por muy ilimitada que sea nuestra riqueza o nuestra fama, por muy imperecederos que sean nuestro amor o nuestras relaciones, la realidad de nuestro fallecimiento final puede menoscabar nuestra sensación de bienestar. El miedo a la muerte está fuertemente arraigado en muchas personas. Puede debilitar la base de nuestra vida, provocar preocupación, sufrimiento y tormento. Al mismo tiempo, si la base de nuestra vida es poco firme, pueden ponerse de manifiesto diversos problemas espirituales y emocionales. He aquí un círculo vicioso en la mente y el corazón provocado por la aprensión a la muerte. Nichiren comprendió que nuestro miedo a la muerte afecta profundamente a nuestra salud y felicidad. Escribió: "Primero estudiar la cuestión de la muerte y luego abocarse a los otros asuntos".

Se dice que la búsqueda de la iluminación de Shakyamuni está motivada por un deseo de encontrar una solución a los cuatro sufrimientos fundamentales y, concretamente, por un deseo de superar el miedo a la muerte. Y fue el problema de la muerte, cómo afrontarla y trascenderla, lo que inspiró la creación de muchos otros sistemas religiosos y filosóficos.

La confrontación con la muerte se ha dado en llamar la madre de la filosofía. El existencialista alemán Martin Heidegger denominaba la existencia humana en sí un "ser para la muerte", ya que el hombre lleva consigo el conocimiento de su fallecimiento inminente desde muy joven. De ahí el dicho budista según el cual "la causa de la muerte no es la enfermedad sino el nacimiento". Puede parecer mejor no pensar en la muerte, salvo quizás al final de nuestras vidas. Ahora bien, gracias a los avances actuales de la medicina, el tiempo que pasa la gente luchando de frente contra la muerte se ha alargado considerablemente. La agonía y la incertidumbre se

extienden durante meses e incluso años. Esto ha aca-
rreado una reevaluación social de la muerte en términos
médicos y éticos, con una repercusión social que va desde el movimiento de los asilos hasta el debate sobre la
eutanasia. No obstante, debido a todos nuestros adelan-
tos médicos, todavía no podemos saber cuándo empieza o termina la vida.

Gran parte de la incertidumbre y la inestabilidad que
vemos en la sociedad contemporánea puede tener su origen en la incomprensión de la muerte. El sentimiento de
que nuestra vida es finita, de que el momento de la
muerte física significa —de un modo absolutamente
irrevocable— el final de nuestra existencia, da lugar a
un tipo de urgencia desesperada en la vida. Cuando sentimos que "sólo se vive una vez", sentimos la tentación
de entregarnos a todos los placeres y sensaciones en el
tiempo limitado que nos queda. Tal como dice el refrán:
"Come, bebe y sé feliz, pues mañana morirás".

En la sociedad actual, tan escasa de tiempo, se han
inventado todos los artilugios y servicios imaginables para
ahorrar preciosos segundos de tiempo para que podamos
disfrutar de unos cuantos momentos más de "ocio" llenos
de diversión. La cruda adicción al trabajo durante el día da
paso a un hedonismo desatado después. No resulta sorprendente que la búsqueda del placer se haya convertido

en una tendencia frenética y el impulso de adquirir riqueza material se haya convertido prácticamente en una obsesión. La vida se convierte demasiado a menudo en una carrera por el éxito. Pero cuando llega la muerte, pocas personas echan la vista atrás y dicen: "Debería haber pasado más tiempo en la oficina".

Desde el punto de partida de una sociedad firmemente basada en el materialismo, la muerte es la negación final de todas nuestras posesiones materiales, así que la tememos excesivamente, al igual que tememos la pérdida de nuestras posesiones materiales durante nuestra vida. Como resultado, escapamos hacia el secularismo sin hacer ningún intento por examinar la vida interior de la mente o la naturaleza, viviendo sólo el momento. ¿Qué es la muerte? ¿Qué es de nosotros cuando morimos? Si no pensamos en estas preguntas es como si pasásemos nuestra vida de estudiantes sin pensar en ningún momento qué hacer después de la graduación. Si no aceptamos la muerte, no podemos establecer un camino decidido en la vida. Persiguiendo esta cuestión damos una estabilidad real y profunda a nuestra vida.

¿Existe alguna visión de la muerte y lo que hay después, que encierre una dimensión espiritual que no contradiga las leyes científicas conocidas del universo? ¡Sí que la hay! El budismo presenta una visión naturalista de la muerte, entendida como opuesta a la visión supernaturalista. Veamos a qué nos referimos.

La visión budista de la vida y la muerte

Para muchas personas la muerte significa, simplemente, la ausencia de vida. En este sentido, la vida se percibe como todo lo que es bueno: aquello que implica plenitud y luz. La muerte se percibe como todo lo malo: aquello que connota vacío y oscuridad. Esta percepción negativa de la muerte ha influido en la existencia humana desde los albores de la historia. Pero ésta es una noción simplista e infantil de la realidad de la muerte, especialmente cuando tienes en cuenta la muerte como los ciclos de creación y extinción que rigen el mundo natural, e incluso el propio universo. Tal como hemos visto, el budismo enseña en forma concreta la relación íntima e inseparable entre el microcosmos del ser humano individual y el macrocosmos del universo. Todos los fenómenos universales están contenidos en un solo momento de la vida, en lo más profundo de nuestras vidas, y en cada momento vibran con el ritmo de todos los fenómenos del universo. Esta visión no se limita a los seguidores de Nichiren u otra escuela filosófica. En relación con esto, las palabras del poeta William Blake tocan un acorde budista.

Para ver un mundo en un grano de arena,
Y el cielo en una flor silvestre,
Abarca el infinito en la palma de tu mano,
Y la eternidad en una hora.

Tener estas percepciones es verdaderamente vivir en *el* momento, por oposición a vivir *para* el momento. Es la diferencia entre lo material y lo eterno. El budismo ve nuestras vidas en el contexto del macrocosmos, la vida del universo, que ha existido durante toda la eternidad (o al menos desde un pasado lejano más allá de lo imaginable). Del mismo modo nuestra vida, que se funde con este universo, también ha existido siempre de una forma u otra, siguiendo un ciclo interminable de nacimiento y muerte, decadencia y renovación, sometido a las leyes físicas de este universo. Según las enseñanzas del Buda, la vida, al igual que la energía, no puede crearse ni destruirse, y lo que parece la muerte es sencillamente el proceso de decadencia y renovación que lo rige todo. Así pues, la filosofía budista anticipa casi tres mil años las leyes de la conservación de la energía y la materia, que afirman que nunca se pierden ni la energía ni la materia, sino que se transforman (por ejemplo, la energía eléctrica que pasa por una bombilla se convierte en calor y luz). Nichiren enseñaba que la vida y la muerte son apectos alternativos de nuestra propia personalidad, tal como expresa la ley de Nam-myojo-rengue-kyo. Escribió:

Myo representa la muerte, y jo, se refiere a la vida. Los seres vivos atraviesan por las dos fases de la vida y la muerte son las entidades de los Diez Mundos, o entidades de Myojo-rengue-kyo... Ningún fenómeno —ni el cielo ni la tierra, ni el yin ni el yang, ni el sol ni la luna, ni los cinco planetas [en el siglo XIII sólo se habían descubierto Mercurio, Venus, Marte, Júpiter y Saturno, Ed.], ni ningún estado de vida, desde el Infierno hasta la Budeidad —están exentos de las dos fases de la vida y la muerte. La vida y la muerte son sencillamente las dos funciones de Myojo-rengue-kyo.

Dicho de otro modo, todas las cosas que se manifiestan físicamente en la vida se recluyen en un estado de latencia tras su extinción o muerte. El budismo distingue entre la realidad física y el estado de latencia en el que la vida sigue existiendo oculta. Esta latencia, un estado que no es de existencia ni de no existencia, puede resultar confuso para los occidentales. Para nosotros, algo existe o no. Pero pensemos en la flor de un cerezo en invierno. Aunque la flor no es visible, está ahí, aletargada, esperando a florecer cuando se den las condiciones necesarias (primavera). Lo mismo ocurre con nuestras vidas. Cuando el cuerpo físico se apaga, nuestras vidas entran en una nueva fase, un periodo de latencia, que va seguido del renacimiento. Tal como afirma Daisaku Ikeda:

Según la visión budista, la vida es eterna. Se cree que atraviesa sucesivas encarnaciones, así que la muerte no se considera tanto el cese de una existencia como el principio de una nueva. Para los budistas, el fenómeno de la trasmigración es obvio —tal como, de hecho, lo fue para los indios, que le dieron el nombre de *samsara* en sánscrito—. El principio fundamental del budismo es que la vida es eterna y cada ser vivo está sometido a un ciclo continuo de nacimiento y muerte. Algunas de las investigaciones científicas recientes de los campos de la medicina y la parapsicología tienden a corroborar esta idea. Dichas investigaciones incluyen estudios de "experiencias cercanas a la muerte" y "experiencias de vidas pasadas".

Mientras que el resurgimiento de la perspectiva filosófica orientada hacia la vida eterna pueda parecer idealista o carente de base científica —un simple bálsamo emocional para nuestro pavor existencial— en realidad, es el modo más razonable y realista de ver este aspecto. Sin muerte, no habría vida. Josei Toda, el segundo presidente de Soka Gakkai, escribió una vez:

No habría nada más temible que no morir. Una cosa sería si hubiera sólo seres humanos. Pero si no muriera ningún ser vivo, las consecuencias serían devastadoras. Supongamos que no muriesen los gatos ni los perros ni los ratones ni los pulpos. Esto provocaría muchos problemas. ¿Qué ocurriría si no muriese nada? Aunque se le pegue, mate o atropelle a alguien con un tren, e incluso aunque se le prive de comida, no muere. Los resultados serían caóticos.

La muerte es necesaria. Como morimos, podemos apreciar la maravilla de la vida, podemos saborear la gran alegría de estar vivos. Nichiren comprendió el concepto profundo de la vida y la muerte tal como se expresa en el Sutra del Loto, según el cual tanto la vida como la muerte son partes inherentes a la vida humana. Señaló que la visión que tienen las personas de la vida y la muerte como fenómenos distintos lleva a dos tipos de creencias: la eternidad, que es la idea de que el alma existe para siempre, o la aniquilación, que es la idea de que no hay nada después de la muerte. Según las famosas palabras de Hamlet: "el resto es silencio". Nichiren afirmaba que ambas perspectivas eran engañosas, porque ignoran que el ciclo de la vida y la muerte impregna el universo. Decía así:

Odiar la vida y la muerte y tratar de separarse de ellas es una ilusión o una iluminación parcial. Percibir la vida y la muerte como fundamentales es iluminación o comprensión total. Ahora bien, cuando Nichiren y sus discípulos invocan Nam-myojo-rengue-kyo, saben que la vida y la muerte son componentes intrínsecos de la esencia fundamental. El ser y el no ser, el nacimiento y la muerte, la aparición y la desaparición, la existencia mundana y la extinción futura: todo esto son procesos esenciales y eternos.

Si comprendemos a fondo esta visión elevada, podremos avanzar hacia la iluminación y experimentar la muerte con dignidad. Pero sigue abierta una pregunta: si la vida sigue, ¿en qué forma continúa? Como la forma implica la aparencia y sustancia, y la enseñanza budista no sugiere que el yo físico sobreviva de algún modo y vuelva a nacer, se impone otro enfoque. Para entender totalmente la muerte desde una perspectiva budista, debemos hurgar en lo que se denomina "las nueve conciencias".

Los nueve niveles de conciencia

La teoría budista de las nueve conciencias es un sistema psicológico que se ha comparado en numerosas ocasiones con el trabajo pionero del psicólogo suizo Carl Jung, que defendía un "inconciente colectivo" de las memorias comunes a todos los seres humanos. Estas memorias vienen de un pasado distante y contienen imágenes arquetípicas que se producen en todas las culturas y que se han ido transmitiendo desde tiempos prehistóricos. La idea de Jung de un inconciente colectivo es similar a la octava conciencia o *alaya* de la teoría budista, que actúa como un almacén para las memorias recopiladas por las siete primeras conciencias y sobrevive tras la muerte.

Según el análisis budista, las primeras cinco conciencias

corresponden a los cinco sentidos de la vista, el oído, el olfato, el gusto y el tacto. La sexta conciencia integra las percepciones de los cinco sentidos para formar imágenes coherentes y juicios sobre el mundo exterior. Por ejemplo, tomemos un pétalo de rosa. Es rojo, suave y aromático. Nuestra sexta conciencia recopila los datos sensoriales y obtiene la idea de una rosa, diferenciándolo, por ejemplo, de una fresa. Las seis primeras conciencias juntas forman la mente consciente.

Frente a las seis primeras conciencias, que tratan sobre el mundo exterior, la séptima, o *mano*-conciencia, no depende directamente de los sentidos. Discierne el mundo interior. A partir de la séptima conciencia sacamos el juicio de valor: Una rosa es muy bella. Se dice que la conciencia y el apego al yo tienen su origen en la *mano*-conciencia, al igual que la capacidad para distinguir el bien del mal. Aquí, *mano* significa "discernir". En términos de psicología freudiana, puede considerarse como algo parecido al ego. Fue al comprender la séptima conciencia cuando el filósofo francés René Descartes pudo formular la famosa prueba de su propia existencia: "Pienso, luego existo". Cuando estamos despiertos, el reino de los seis sentidos es el dominante. Cuando estamos dormidos, la séptima conciencia oculta emerge en forma de sueños, mientras que las funciones de los seis sentidos permanecen latentes.

El octavo nivel, la conciencia *alaya*, va un paso más allá que la *mano*-conciencia, del ámbito del ego individual. Todas las funciones de nuestros seis sentidos como reacciones al estímulo exterior y nuestros juicios sobre ellas, incluso nuestras impresiones más fugaces, se almacenan y registran en la octava conciencia. Este almacén es comparable con la memoria, pero es algo más que eso.

El budismo sugiere que la octava conciencia recuerda y almacena no sólo todo cuanto hemos experimentado en esta vida —incluidas todas las causas que hemos creado mediante nuestros pensamientos, palabras y acciones— sino también todo lo que hemos experimentado en un pasado remoto.

El budismo enseña que no existe nada como un alma o espíritu que gobierne el cuerpo y la mente de cada uno y siga existiendo, flotando en el aire, después de la muerte. El cristianismo y otras religiones occidentales sostienen que una persona sólo vive una vez, y las acciones realizadas durante esta vida limitada determinan para siempre el destino de un alma eterna. Es como si la vida fuera un libro que sólo se leyese una vez. Desde el punto de vista budista, por utilizar la misma metáfora, la vida es como una página de un libro. Cuando la volvemos, aparece una nueva.

En lugar de un alma etérea, el budismo abraza la noción de un yo verdadero, que sigue existiendo independientemente de que vivamos o muramos. La conciencia *alaya* puede interpretarse como el reino que entreteje todas las causas y efectos que forman el destino de este yo concreto. Cuando esta vida vuelve a aparecer en el mundo de los fenómenos, las semillas kármicas de la conciencia *alaya* germinan de nuevo, pero en unas condiciones nuevas y en una forma física nueva. La personalidad de cada uno continúa durante toda la eternidad. El budismo lo acepta como un hecho. Ya esté latente en la muerte o se manifieste en la vida, es la misma energía vital.

Consideremos lo siguiente: Tengas dos, diecisiete, cincuenta y dos o setenta y ocho años, eres la misma persona. Sin embargo, tal como nos explica la medicina, casi todas las células de tu cuerpo habrán ido sustituyéndose durante tu vida, pero sigues siendo tú. Tu personalidad puede haber cambiado radicalmente. Puede que hayas cambiado de carrera profesional, de ideas políticas, etc. Pero sigue existiendo algo continuo a lo largo de toda tu vida. Es tu esencia. Todas las memorias, hábitos y karma almacenados en la conciencia *alaya* conforme pasa el tiempo forman tu yo individual, o el marco del ser individual que repite el ciclo de la muerte y el renacimiento.

No hay nada estático o irreversible sobre este karma o conciencia heredada. Sea cual sea nuestro karma, podemos cambiarlo a mejor utilizando nuestra voluntad. En otras palabras, el concepto budista del karma no es, en absoluto, lo que a menudo se denomina suerte o destino. Algunas personas trabajan bajo la ilusión del fatalismo, viendo sólo un aspecto del karma, que el karma de las vidas pasadas sigue en nuestra vida presente. Sin embargo, según la ley de la causalidad, en cada momento creamos un karma nuevo. Esto también significa que en el momento actual, con nuestro libre albedrío, estamos creando una nueva tendencia de vida y abriendo el futuro. Nichiren afirmaba que en el ciclo eterno de la vida y la muerte, la ley de causa y efecto es una norma férrea. Conscientes de que podemos encontrar un significado positivo en todo lo que ocurre en la vida, la invocación de Nam-myojo-rengue-kyo es la mejor manera de mejorar el propio karma.

Cuando reconocemos que las causas y condiciones esenciales de nuestra felicidad están dentro de nuestra vida, podemos reunir el valor para sentirnos responsables de nuestros sufrimientos y realizar todos los esfuerzos posibles para cambiarlos y crear la felicidad. Cuando empezamos a entender esto, nos convertimos en los creadores de nuestro propio destino, encontramos en nosotros una estrella de esperanza que ilumina todos los aspectos de la existencia.

Sin embargo, después de la muerte, en esta nueva existencia, a pesar de que nuestra memoria kármica esté intacta, no tendremos memoria consciente de nuestra vida anterior. Tal como afirma el Sutra Agama Misceláneo, "Los efectos kármicos existen, pero la persona que los provocó, ya no". De hecho, estamos forzados a beber las aguas del Lete, el río de la mitología griega que hace olvidar el pasado. Tal como ha establecido la neurociencia moderna, la memoria física necesita un cerebro físico, y el cerebro que recuerda los incidentes de esta vida es distinto de las conciencias que registraron los acontecimientos de la vida anterior. Cuando el cerebro físico muere, la memoria también lo hace. La memoria kármica que denominamos *alaya*, en la que quedan grabadas todas las causas que hemos creado, es distinta del cerebro. Pero la personalidad subyacente sigue siendo la misma. Del mismo modo que el sueño, por largo y profundo que sea, no puede modificar nuestra identidad, nuestro karma perdura.

La naturaleza de lo que renace ha sido el tema de

infinitos debates triviales. Cuando una vela se enciende con otra, ¿la luz de la segunda vela es igual que la luz de la primera? Pero los detalles no son importantes cuando buscamos la iluminación. La teoría de las nueve conciencias es, al fin y al cabo, una teoría. Pero en vista de lo que se sabe acerca del universo, la naturaleza humana y la psicología, es una teoría sorprendentemente persuasiva. Según esta teoría, la conciencia *alaya*, que funciona como la base de todas las funciones emocionales y espirituales, fluye constantemente, como un torrente que se precipita sin cesar con transiciones y transformaciones. Este estado dinámico que hay en el nivel básico de la vida mantiene las características exclusivas de cada vida concreta. Cuando estamos despiertos, permanece sepultado bajo la superficie, dando lugar a sentimientos vagos, ayudándonos a formar intuiciones e influyendo fuertemente en nuestros gustos y manías. Cuando dormimos, las seis primeras conciencias se desvanecen, y toma el control la conciencia *mano*. Eso no significa que nuestros sentidos estén completamente cerrados. Seguramente, un ruido fuerte o una luz intensa nos despertarán. Pero cuando morimos nuestras vidas vuelven totalmente al reino de la conciencia *alaya*. Por lo tanto, no vemos, no oímos, no olemos, no saboreamos, y no sentimos por el tacto. La propia conciencia va más

allá incluso de la séptima conciencia y se sumerge totalmente en el *alaya*. La analogía entre el sueño y la muerte (el "sueño profundo") es convincente. Tal como escribió el autor bri-
tánico y líder budista Richard Causton en su libro *El
Buda en la vida diaria*:

> El sueño, al igual que la muerte, es un aspecto fun-
> damental y misterioso de toda vida. Nos vamos a
> la cama cansados y nos despertamos como nuevos.
> El budismo enseña que morimos cuando estamos
> agotados y nuestra entidad vital nace de nuevo. Así
> pues, tanto el sueño como la muerte expresan el
> ritmo continuo y la energía de *myojo*, la Ley Mís-
> tica. La lección es clara, ya que cuando de verdad
> seamos capaces de ver la muerte igual que el sue-
> ño, como un periodo de descanso y recuperación
> en nuestra vida eterna, no nos dará miedo. De he-
> cho, podemos incluso esperarla del mismo modo
> que esperamos dormir bien por la noche después
> de un duro día de trabajo, seguros de que nuestras
> vidas volverán a empezar frescas y vigorosas la pró-
> xima vez.

Los investigadores han demostrado que existen

distintos niveles de sueño. Durante la fase de REM (movimiento rápido del ojo), los modelos de ideas brillantes son especialmente intensos y los sueños interrumpidos pueden recordarse fácilmente. Según Causton, el budismo ve los sueños como la "liberación" de los diversos pensamientos, palabras y hechos almacenados en las ocho conciencias cuando la mente consciente abandona el control durante una horas. Una persona que se despierta durante el sueño REM enseguida reconoce lo que le rodea. Pero alguien que se despierta durante un sueño profundo o sueño delta, puede estar muy desorientado o fallarle la memoria. En un pasaje muy evocador de *A busca del tiempo perdido*, de Marcel Proust, se ilustra esta idea:

Pero para mí no era bastante si, en mi propia cama, tenía un sueño tan profundo que me relajaba totalmente la conciencia; ya que entonces perdía todo el sentido del lugar donde me había ido a dormir, *y cuando me despertaba en plena noche, no sabía dónde estaba, y al principio ni siquiera podía estar seguro de quién era; sólo tenía el sentido más rudimentario de la existencia, como el que podía haber latente e intermitente en lo más profundo de la conciencia animal; estaba más desnudo que los habitantes de las cavernas, pero entonces la memoria —no del lugar donde estaba, sino de todos los demás lugares donde había vivido antes y donde ahora podía estar muy probablemente— me caía como una cuerda desde el cielo para subirme del abismo del no ser, de donde no podía haber salido por mí mismo: en un breve instante atravesaría siglos de civilización, y a partir de una visión borrosa de lámparas de aceite, luego de camisas y cuellos vueltos, reconstruía los componentes originales de mi ego.

Este estado de "no ser", que tan elocuentemente describe Proust, sugiere la existencia de un nivel de conciencia aún más profundo que el que experimentamos durante un sueño normal. Es parecido a las experiencias documentadas de gente que ha vuelto a la vida tras estar al borde de la muerte. Las experiencias cercanas a la muerte, de quienes cuentan de un modo similar y gráfico cómo observan el propio cuerpo de un modo sereno e imparcial, sugieren que el propio yo sigue vivo aunque el cuerpo haya muerto prácticamente. En los relatos budistas, las personas fallecidas normalmente cruzan un río, lo cual indica el paso de la *mano*-conciencia a la conciencia *alaya*. Estas experiencias y relatos indican la noción de que, en lo más profundo de este torrente apresurado de la conciencia *alaya*, existe un depósito puro y pacífico, la naturaleza eterna e inmutable de Buda.

La novena conciencia o budeidad

Puede decirse que la razón por la que las enseñanzas budistas pueden plantear la perspectiva de la muerte es que descubrieron el ámbito supremo de la propia vida, libre de toda impureza kármica. Este ámbito se denomina la conciencia *amala* o budeidad. *Amala* significa aquí pureza absoluta. Es un reino directamente conectado con la ley del universo, que se entiende que es Nammyojo-rengue-kyo, la ley suprema de la vida y la muerte. Nichiren también llamó a este reino "el palacio de la novena conciencia". Tanto la vida como la muerte son expresiones de la existencia humana, y ambas se incluyen en la gran vida universal de la budeidad que existe en lo más profundo de nuestras vidas. Basándonos en la budeidad lograda mediante la práctica budista en esta vida, experimentamos la muerte en esta vida con dignidad y paz.

A propósito de la muerte del padre de un joven creyente, Nichiren escribió: "Cuando estaba vivo, era un Buda en la vida, y ahora es un Buda en la muerte. Es un

Buda tanto en la vida como en la muerte. Esto es lo que significa la doctrina más importante denominada el logro de la budeidad en la forma presente de una persona". En este breve pasaje, Nichiren enseña el principio de que podemos ser felices eternamente logrando la budeidad en esta vida. El mensaje fundamental del Sutra del Loto es que la budeidad existe en potencia en todas las personas.

Nichiren presentó el modo de descubrirla desde adentro y nos enseñó el modo de asentarla también en nosotros. De este modo, si hemos buscado en las profundidades supremas de la vida la budeidad mientras estamos vivos, el flujo iniciado así sigue a través de la muerte y en la siguiente vida.

Mediante la práctica de sus enseñanzas (invocando Nam-myojo-rengue-kyo), podemos desarrollar la sabiduría y la convicción necesarias para afrontar la muerte. Al iluminarnos continuamente podemos forjar una seguridad inquebrantable de la eternidad de nuestra vida. Además, practicando las enseñanzas de Nichiren podemos sentir un incremento de la alegría que surge desde adentro. Y, por último, como la ausencia de miedo es una característica de la budeidad, el miedo de la muerte es algo que *podemos* conquistar. Sólo entonces podremos centrarnos en lo que debemos hacer con el resto de nuestras vidas para lograr la felicidad de toda la humanidad, de modo que cumplamos nuestra misión en esta vida y en este mundo.

En *Develando los misterios del nacimiento y la muerte*, Daisaku Ikeda escribió:

[Nichiren] expresó concretamente la conciencia *amala* —la realidad fundamental de la vida— en la frase Nam-myojo-rengue-kyo, y dio forma física a su iluminación para la vida cósmica original mediante el Gohonzon, el objeto de devoción, de este modo abrió el camino para que todas las personas puedan lograr su budeidad, y tomaran contacto con su yo superior latente en ellos. Cuando nos entregamos al Gohonzon vemos cómo brota la alegría y la determinación para hacer frente a la realidad de que nuestras existencias se prolongan en la vida eterna del universo. Cuando uno cultiva la fe en la realidad suprema, la conciencia *amala*, las otras ocho conciencias funcionan para expresar el inmenso poder y la sabiduría infinita de la naturaleza de Buda.

El modo correcto de morir

Tal como exige la ley de causa y efecto, morimos del modo que hemos vivido. En el momento de la muerte, las causas pasadas se nos muestran claramente en nuestra apariencia. En ese momento, no hay modo de ocultar la verdad de la vida que se ha vivido. Por lo tanto, para hablar de cuál es el modo ideal de morir hay que hablar del modo ideal de vivir. Llevamos a cabo nuestra práctica budista ahora para no tener que lamentarnos en nuestro lecho de muerte. La manera en la cual encaramos la muerte determina si hemos o no coronado nuestras vidas de satisfacción.

El budismo es una enseñanza que encuentra un valor absoluto en la vida de cada ser humano. En el budismo, una persona que ha alcanzado su total plenitud es, en cierto modo, un Buda. Una persona que ha hecho todo lo posible para cumplir su misión en este mundo se denomina también un Buda. Ikeda escribió:

La muerte nos llegará a todos algún día. Podemos morir habiendo luchado mucho por nuestras creencias y convicciones, o podemos morir sin haberlo conseguido. Como, en cualquier caso, la realidad

de la muerte es la misma, ¿no sería mucho mejor
definir nuestro viaje hacia la próxima existencia animados, con una brillante sonrisa en la cara, sabien-
do que todo lo que hicimos, lo hicimos lo mejor que
pudimos, estremeciéndonos al pensar: "Esta vida
ha sido muy interesante?".

Desde la perspectiva del budismo, nuestra capacidad
de atravesar correctamente el proceso de la muerte depende del trabajo firme que hayamos hecho en la vida
para acumular buenas causas y efectos, contribuir a la
felicidad de los demás y fortalecer el cimiento del bien
en lo más profundo de nuestro ser. Si vencemos en la
vida, también, podemos vencer en la muerte. Así es
como se utiliza la ley de causa y efecto para crear un
valor supremo.

Podemos ver, por lo tanto, que la muerte es más que
la ausencia de vida; que la muerte, junto con la vida ac-
tiva, es necesaria para formar un todo mayor y más esencial. Este gran todo refleja la continuidad más profunda
de la vida y la muerte que experimentamos como individuos y expresamos como cultura. Un reto fundamental para el nuevo siglo será establecer una cultura basada
en entender la relación entre la vida y la muerte, y de
la eternidad esencial de la vida. Esta actitud no renie-

ga de la muerte, sino que se enfrenta a ella directamente y la sitúa correctamente en el contexto mayor de la vida.

Es difícil morir feliz. Y como la muerte es el balance final de las cuentas de la vida de una persona, es cuando nuestro verdadero yo se pone de manifiesto. Practicamos el budismo para vivir felices y para morir felices.

El budismo garantiza que quienes practiquen con sinceridad se acercarán a la muerte en un estado de plena satisfacción.

OCHO

PUESTA EN PRÁCTICA

Nunca es demasiado tarde para ser
lo que podías haber sido.

—George Eliot

Todos son Buda.

—Se dice que fueron las últimas palabras
de Buda Shakyamuni

A LO LARGO de este libro, hemos analizado que la clave para superar los obstáculos de la vida y alcanzar los objetivos radica en cada uno de nosotros y que somos Budas con nuestros respectivos espejos. Hemos examinado la interconexión entre nosotros y los demás, entre nuestras vidas y el entorno que nos rodea. Incluso hemos indagado cómo afrontar la muerte de una manera nueva y alentadora. Ahora el paso fundamental es poner en práctica lo que hemos aprendido, dando el salto emocionante de la simple posesión de los conocimientos a la materialización de nuestro gran potencial.

Tal como hemos dicho, el budismo es razón, y ¿existe algo más razonable que dar crédito a algo una vez que se ha demostrado su efectividad?

La práctica principal, tal como hemos explicado a lo largo de este libro, es invocar Nam-myojo-rengue-kyo.

La mecánica de la invocación de la Ley Mística

Nam-myojo-rengue-kyo puede invocarse en cualquier lugar y en cualquier momento, de preferencia sin molestar a los demás, pero los efectos de esta práctica se ven mejor cuando se realiza regularmente. Se recomienda reservar un poco de tiempo cada mañana y cada noche durante al menos cinco minutos para cada sesión. Siéntate recto y cómodo y, si es posible, mira una zona de pared vacía o un fondo neutro que no te distraiga. Junta las manos a la altura del pecho, con los dedos apuntando hacia arriba y las yemas a la altura de la barbilla aproximadamente.

La pronunciación es la siguiente:

Nam: se pronuncia como el sonido de *a* en *campo*

Myo: se pronuncia como el sonido de *mio* en *miope*

Jo: se pronuncia como el sonido de *jo* en *joya*

Ren: se pronuncia como el sonido de *ren* en *renta*

Gue: se pronuncia como el sonido de *gue* en *guepardo*

Kyo: se pronuncia como el sonido de *kio* en *kiosco*

Todas las sílabas se pronuncian con la misma intensidad: Nam-myó-jó ren-gué-kyó.

La invocación se repite sin cortes entre cada Nam-myojo-rengue-kyo, pero, naturalmente, puedes respirar cuando haga falta y volver a continuación a la invocación rítmica. Trata de mantener un tono y un ritmo uniformes, pero no te preocupes demasiado por eso, ya que es muy probable que inmediatamente te salga de un modo natural. Puedes concentrarte en una meta o problema específico, o dejar que tu mente se deslice naturalmente de un pensamiento a otro. Pronto verás resultados tangibles. Esto no significa que debas tener la convicción de que ocurrirá desde el principio. Es natural tener dudas. La seguridad en la práctica budista empieza cuando, por primera vez, "lo pruebas para ver". Esta se profundiza con el tiempo conforme se va demostrando su efecto de un modo palpable. La duda es un elemento con el que tienen que lidiar quienes practican. Tal como dijo el autor alemán Hermann Hesse: "La fe y la duda se corresponden y complementan. No existe una verdadera fe si no hay duda".

Ahora bien, lo fundamental es utilizar las dudas como combustible para hallar las respuestas a tus preguntas. En términos prácticos, ayuda si puedes reafirmar tu práctica relacionándote con otras personas afines que puedan animarte a lo largo de los momentos duros e inevitables de la vida, y a los que puedas animar a su vez sobre la base de las experiencias que vayas teniendo. Tal como se indica en este libro, no vivimos en un vacío, y los esfuerzos que hagamos para ayudar a los demás a ser felices se incrementarán directamente en nuestra propia felicidad.

Si quieres que las cosas avancen un paso (o treinta y siete), existe una amplia comunidad de budistas de Nichiren que te ayudarán en esta gran experiencia. La SGI-USA realiza reuniones de debate y actividades culturales en los cincuenta estados de los Estados Unidos y en todo el Caribe, en Guam y en otras islas de Pacífico. La mayoría de las reuniones son informales y se realizan en casas de practicantes; en la comunidad de compañeros budistas, puedes dar el siguiente paso y aprender, con la práctica adicional (dos veces al día), la recitación de dos capítulos del Sutra del Loto que refuerzan la invocación diaria de Nam-myojo-rengue-kyo.

Este aspecto de la práctica requiere una pronunciación, que para algunas personas podría ser algo complicada, por lo que puede resultar útil la orientación de alguien con experiencia. También puedes recibir un Gohonzon u "objeto de devoción", para concentrarte en la invocación. El Gohonzon te permite fundir tu sabiduría subjetiva con la realidad objetiva del universo (véase el capítulo 3 para obtener una explicación minuciosa).

Es sumamente útil tener un amigo budista que te indique el camino para seguir practicando, y la SGI-USA te ofrece la estructura para hacer ese amigo (o muchos). De hecho, a través de la organización SGI, puedes encontrar amigos y actividades (hay unos doce millones de practicantes en más de 160 naciones) en todo el mundo. Para obtener información sobre las reuniones y actividades de tu zona, puedes llamar a las oficinas centrales de SGI-IUSA en Santa Mónica (California) al teléfono 1-310-260-8900, o visitar nuestro Web site: *www.sgi-usa.org*. Al principio de este libro, hablábamos del potencial ilimitado que tiene cada individuo de sabiduría, valor, esperanza, seguridad, compasión, vitalidad y resistencia. La aventura comienza la primera vez que invocas Nam-myojo-rengue-kyo y te presentas a ti mismo al Buda en tu espejo.

Bibliografía

Bronowski, Jacob. *The Ascent of Man.* London: BBC Enterprises, 1973.

Causton, Richard. *The Buddha In Daily Life, An Introduction to the Buddhism of Nichiren Daishonin.* London: Rider, 1995.

Derbolav, Josef y Daisaku Ikeda. *Search For A New Humanity.* Traducido y editado por Richard L. Gage. New York: Weatherhill, Inc., 1992.

Dockett, Kathleen H. *Resources for Stress Resistance: Parallels in Psychology and Buddhism.* Santa Monica, Calif.: SGI-USA, 1993.

Dohrenwend, Barbara. "Social Stress and Community Psychology." En *American Journal of Community Psychology* 6. New York: Plenum Publishing Corp., 1978.

Humphreys, Christmas. *Buddhism.* 3d ed. Baltimore: Penguin Books, 1962.

Huyghe, Rene y Daisaku Ikeda. *Dawn After Dark.* Traducido por Richard L. Gage. New York: Weatherhill, Inc., 1991.

Ikeda, Daisaku, en conversación con Masayoshi Kiguchi y Eiichi Shimura. *Buddhism and the Cosmos.* London: Macdonald & Co., 1985.

——. *Buddhism, the First Millennium.* Tokyo: Kodansha International Ltd., 1977.

——. *Faith into Action.* Santa Monica, Calif.: World Tribune Press, 1999.

——. Bryan Wilson. *Human Values In a Changing World, A Dialogue on the Social Role of Religion.* Secaucus, N.J.: Lyle Stuart Inc., 1987.

——. *The Living Buddha.* New York: Weatherhill, 1976.

——. *My Dear Friends in America.* Santa Monica, Calif.: World Tribune Press, 2001.

——. *A New Humanism.* New York: Weatherhill, Inc., 1996.

——. *Selected Lectures on the Gosho, Vol. 1.* Tokyo: NSIC, 1979.

——. *SGI President Ikeda's Addresses in the United States.* Santa Monica, Calif.: World Tribune Press, 1996.

——. *Unlocking the Mysteries of Birth and Death: Buddhism in the Contemporary World.* London: Macdonald & Co., 1988.

——. *The Way of Youth, Buddhist Common Sense for Handling Life's Questions.* Santa Monica, Calif.: Middleway Press, 2000.

—— and Katsuji Saito, Takanori Endo and Haruo Suda. *The Wisdom of the Lotus Sutra,* vol. 1. Santa Monica, Calif.: World Tribune Press, 2000.

Keller, Helen. *The Story of My Life.* Garden City, N.J.: Doubleday, 1954.

Landes, David S. *The Wealth and Poverty of Nations: Why Some Are Rich and Some So Poor.* New York: W.W. Norton & Co., 1998.

Levi, Sylvain. *L'Inde et le Monde*. Paris: Librairie Ancienne Honor, Champion, 1926.

NSIC. *Fundamentals of Buddhism*. 3d ed. Tokyo: NSIC, 1977.

Pauling, Linus y Daisaku Ikeda. *A Lifelong Quest for Peace*. Traducido y editado por Richard L. Gage. Boston: Jones and Bartlett Publishers, 1992.

Peck, M. Scott. *The Road Less Traveled and Beyond: Spiritual Growth in An Age of Anxiety*. New York: Simon & Schuster, 1977.

Proust, Marcel. *Remembrance of Things Past*. Traducido por C.K. Scott Moncrieff y Terence Kilmartin. New York: Random House, 1981.

Shaw, George Bernard. *Man and Superman*. London: Penguin Books, 1988.

Toda, Josei. *Lectures on the Sutra*. Tokyo: Seikyo Press, 1967.

Thurman, Robert A. F., Ph.D. "Being Free and Enjoying Life." En *Buddhism in America*. Recopilado por Al Rapaport. Editado por Brian D. Hotchkiss. Boston: Tuttle Publishing, 1998.

Toynbee, Arnold y Daisaku Ikeda. *Choose Life, A Dialogue*. London: Oxford University Press, 1976.

Turner, Tina y Kurt Loder. *I, Tina*. New York: Morrow, 1986.

Watson, Burton. *The Lotus Sutra*. New York: Columbia University Press, 1993.

Wickramasinghe, Chandra y Daisaku Ikeda. *Space and Eternal Life*. London: Journeyman Press, 1998.

Para más información sobre el budismo de Nichiren y sus aplicaciones a la vida diaria, busque en el futuro estos libros en español de Middleway Press:

Primavera de 2003
A la manera de los jóvenes: El sentido común budista aplicado a las preguntas sobre la vida, por Daisaku Ikeda

"[Este libro] muestra al lector cómo florecer en el mundo actual; cómo afianzar la seguridad y el carácter en la sociedad moderna; cómo aprender a vivir respetando tanto a los demás como a uno mismo; cómo contribuir a una sociedad positiva, libre y pacífica, y cómo encontrar la propia felicidad verdadera". —Midwest Book Review (14.95, ISBN 978-0-967469708)

Otoño de 2003
Por el bien de la paz: siete caminos para la armonía global, una perspectiva budista, por Daisaku Ikeda

"[Ikeda] es un verdadero ciudadano del mundo y líder de la paz. En *Por el bien de la paz,* describe un camino hacia la paz mediante el compromiso individual y el autocontrol, el diálogo y la creación de culturas pacíficas. Al reconocer los obstáculos considerables para la creación de un mundo pacífico, infunde la esperanza de que un mundo así es posible".

—David Krieger, Presidente de la Fundación Era de la Paz Nuclear (25.95, ISBN 978-0-0967469724)

Reseña biográfica de los autores

WOODY HOCHSWENDER es un antiguo reportero del *New York Times* y el Editor de más rango de la revista *Esquire*. Ha practicado el Budismo de Nichiren por más de 25 años. Ha escrito dos libros y numerosos artículos sobre temas variados. Vive en Sharon, Connecticut, con su esposa e hija.

GREG MARTIN es vicedirector general de la SGI-USA, la organización laica del Budismo de Nichiren en los Estados Unidos, quien durante casi todos sus 30 años de práctica ha escrito y disertado sobre el Budismo de Nichiren, tiene una cátedra dentro del Departamento de Estudios de la SGI-USA. Vive en la ciudad de Los Ángeles con su esposa e hijos.

TED MORINO es también vicedirector general de la SGI-USA y en la actualidad es el editor en jefe del periódico semanal y de la revista mensual de la organización. Ha dirigido las traducciones para numerosos libros y artículos sobre el Budismo de Nichiren y ha escrito y disertado extensamente sobre el tema por más de 30 años. Fue el anterior jefe del departamento de estudios de la SGI-USA. Vive en la ciudad de Los Ángeles con su esposa.